嘉慶御覽之寶

儒典菁英

稚晟　姜坤　主编

清華大學出版社
北京

前言

儒典是正在复兴的中国优秀传统文化的灵魂。“四书五经”是经千载时光淬炼、历代文人遴选的经典之经典，体现了高级的中国智慧。基于此，为弘扬传统文化的正能量，满足现代中国人的精神需求，我们从“四书五经”中萃取或深刻或美好或实用的名句，打造出这本以春、夏、秋、冬四时为分辑的儒家经典名言集。

名言出自唐至清代的书法家之手，自然可以当字帖用。每隔五页，便配一张文物彩色插图，除了作为选句的视觉补充，它们还独立构成了一部儒学核心观念的图像小史。

而左右两侧的留言部分设计灵感来自近年重新风行的古代笺纸。底图则分为两个系列，一个系列来自乾隆皇帝命纂的清代宫廷所藏古代青铜器大型谱录《西清古鉴》中的礼器图，因为儒学的核心理念之一是“礼”，“礼”凝聚为礼器，传诸后世；另一个系列来自中国古代山水画，它们连起来便构成了一幅幅中华山水长卷，暗合“智者乐水，仁者乐山”的孔子名言。留言部分可撕取，并加入手账元素，也是想做一本与众不同的名言集萃之书。

整本读物是低调、内敛、沉思、温暖的。大量留白，使用细字，偏爱不那么明亮的纯色，以此彰显中国美学的魅力。

编者

2021 年 6 月

目录

[元] 王渊 《花卉册》之桃花

《周易》《尚书》《左传》

春

释文　天行健，君子以自强不息。

《周易》

书法　唐人书《开成石经》本

商祖鼎

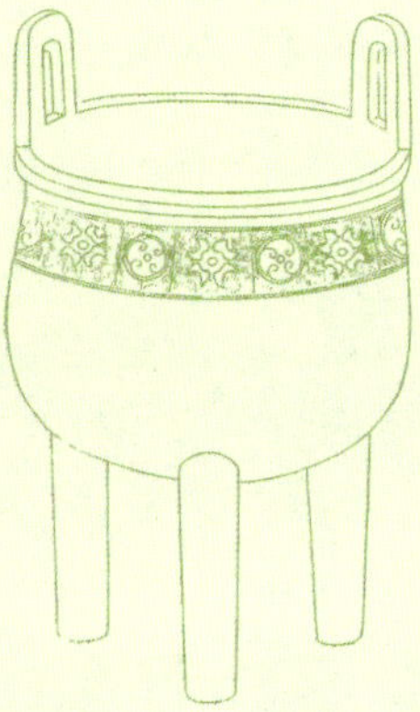

天行健君子以自強不息

商父乙鼎

释文　君子体仁足以长人，嘉会足以合礼，利物足以和义，贞固足以干事。

《周易》

书法　唐人书《开成石经》本

君子體仁足以長人嘉會
足以合禮利物足以和義
貞固足以幹事

释文　与天地合其德，与日月合其明，与四时合其序，与鬼神合其吉凶。

《周易》

书法　唐人书《开成石经》本

商父乙鼎

與天地合其德與日月合其明與四時合其序與鬼神合其吉凶

释文　同声相应，同气相求。水流湿，火就燥，云从龙，风从虎，圣人作而万物睹。

《周易》

书法　唐人书《开成石经》本

商父乙鼎

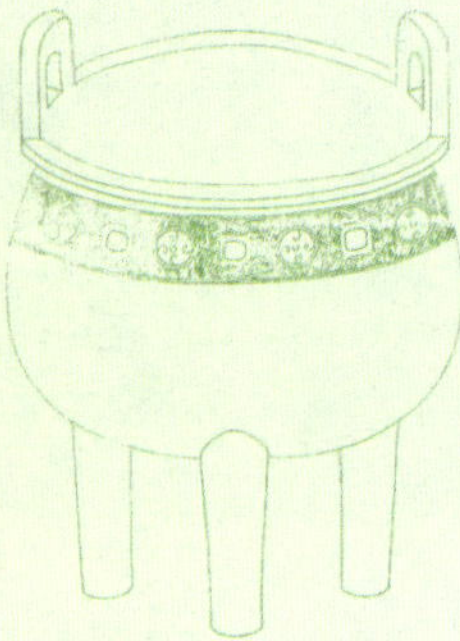

同聲相應同氣相求水流
濕火就燥雲從龍風從虎
聖人作而萬物覩

释文　君子以多识前言往行，以畜其德。

《周易》

书法　唐人书《开成石经》本

商丁鼎

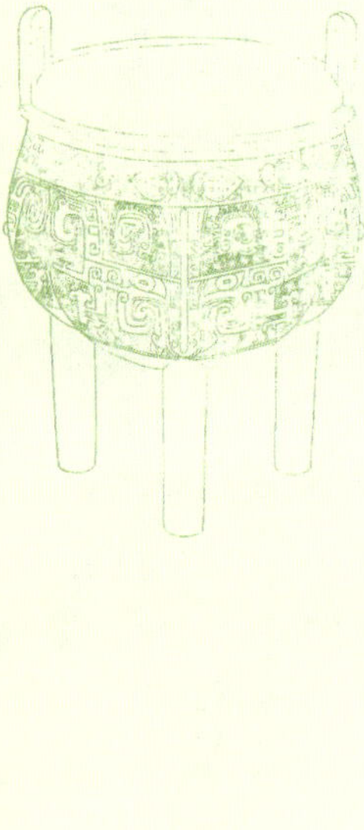

君子以多識前言往行以畜其德

东汉佚名制画像石《孔子见老子》拓片局部

孔子（前551年—前479年）创建的儒学博大精深，实操主要靠“六艺”。一般认为，“六艺”指六种技能，包括礼（礼节）、乐（音乐）、射（射箭）、御（驾车）、书（书法）和数（数术）。自西周以至清末，“六艺”都是国家选拔人才的主要标准。

在“六艺”中，“礼”和“乐”最为核心，而“礼”更是核心中的核心。孔子出自司礼官世家，小时候甚至用俎、豆等礼器玩“过家家”。据《论语》记载，孔子曾教导独子孔鲤说：“不学礼，无以立。”而当解答弟子颜渊关于“何为仁”的问题时，孔子直接说：“克己复礼为仁。”

孔子力欲恢复的“礼”是西周之礼。在上古礼仪中，既有超越时间和地点而普遍存在的，也有随着时移事易而改变甚至消亡的。这本是世态常情，智者孔子怎么会不知道呢？从某种意义上讲，孔子一生的悲壮就在于，执着于让一个礼崩乐坏的时代全面恢复至“郁郁乎文哉”的西周。

从公元前2世纪中期开始，汉武帝刘彻力行“独尊儒术”的统治政策，影响深远。在汉画像石中，“孔子问礼于老子”成为一个重要母题。这些画像石的标准模板是老子、孔子相向而对，中间还有一位号称孔子老师的神童项橐。有意思的是，孔子依据《周礼》怀抱一只禽鸟（雁或雉）向老子行以见面赠礼。这只禽鸟在画像石上常常只露出一个容易被忽略的小脑袋。现在，中国人当然还要带着礼物拜见师长，但是，再也不必拘泥于《周礼》了。

释文　地势坤，君子以厚德载物。

《周易》

书法　唐人书《开成石经》本

商父丁鼎

地勢坤君子以厚德載物

释文　积善之家必有余庆，积不善之家必有余殃。

《周易》

书法　唐人书《开成石经》本

商父戊鼎

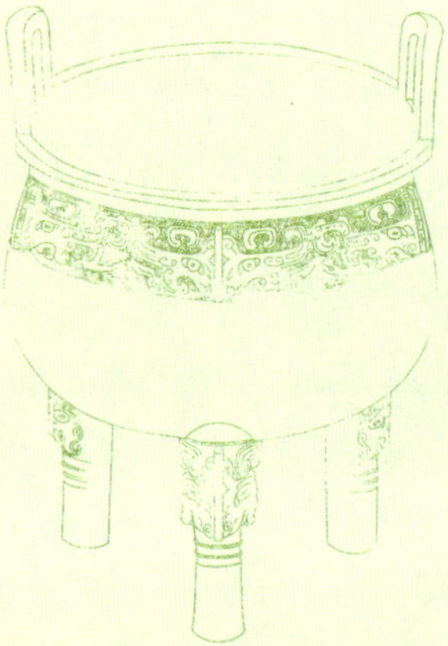

積善之家必有餘慶積不
善之家必有餘殃

释文　君子敬以直内，义以方外，敬义立而德不孤。

《周易》

书法　唐人书《开成石经》本

商父己鼎

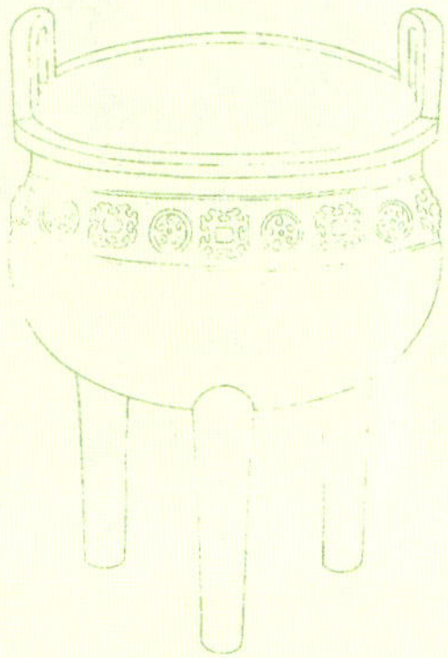

君子敬以直内義以方外
敬義立而德不孤

释文　观乎天文以察时变，观乎人文以化成天下。

《周易》

书法　唐人书《开成石经》本

商父庚鼎

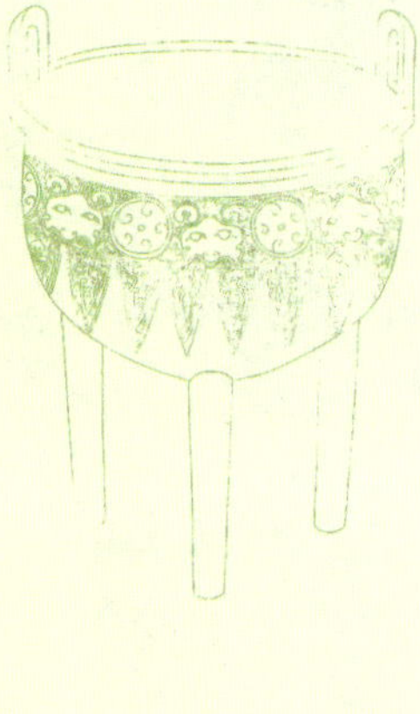

觀乎天文以察時變觀乎
人文以化成天下

释文　乾以易知，坤以简能。易则易知，简则易从。易知则有亲，易从则有功。有亲则可久，有功则可大。可久则贤人之德，可大则贤人之业。

《周易》

书法　唐人书《开成石经》本

商祖辛鼎

乾以易知坤以簡能易則
易知簡則易從易知則有
親易從則有功有親則可
久有功則可大可久則賢
人之德可大則賢人之業

英国约翰·汤姆森摄北京天坛旧影

祭天是人类祈求神灵赐福消灾的文化行为。孔子“不语怪力乱神”而信“天”。他讲过，“五十而知天命”，“万物本于天”。按照儒家礼制，祭祀宗庙称为内事，祭祀天神称为外事，后者的场所称为天坛。

北京天坛由明清两代累建而成，主要发力者是明代永乐帝朱棣和清代乾隆帝爱新觉罗·弘历。作为现存规模最大的国家祭坛，北京天坛主要由祭天的圜丘坛和祈祷丰收的祈谷坛组成。明清两代，每年冬至在此行祭天大礼的皇帝共有 22 位。

有意思的是，虽然圜丘坛才是天坛的主祭场，但是，祈谷坛上建立的祈年殿更为有名。祈年殿由乾隆帝敕令在明代大殿基础上改建而成。光绪年间的 1889 年 9 月 18 日，祈年殿遭雷击全部焚毁，并于 1896 年重建。所幸的是，乾隆版祈年殿有若干摄影影像存世。其中，英国摄影家约翰·汤姆森（John Thomson）1871 年拍摄的一张较为著名。两版祈年殿的主要区别是，流传至今的光绪版要略胖一点。造成这种差异的主要原因是：大清工部主持重建时没有任何图纸作为参考，全靠工匠回忆而成，也算是叹为观止了。

释文　乐天知命，故不忧。安土敦乎仁，故能爱。

《周易》

书法　唐人书《开成石经》本

商父辛鼎

樂天知命故不憂安土敦
乎仁故能愛

释文　一阴一阳之谓道，继之者善也，成之者性也。仁者见之谓之仁，知者见之谓之知，百姓日用而不知，故君子之道鲜矣。

《周易》

书法　唐人书《开成石经》本

商癸鼎

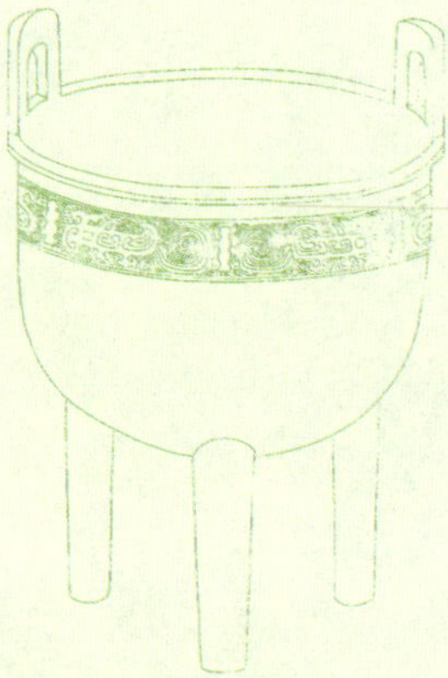

一陰一陽之謂道繼之者善也成之者性也仁者見之謂之仁知者見之謂之知百姓日用而不知故君子之道鮮矣

释文　生生之谓易，成象之谓乾，效（爻）法之谓坤，极数知来之谓占，通变之谓事，阴阳不测之谓神。

《周易》

书法　唐人书《开成石经》本

商祖癸鼎

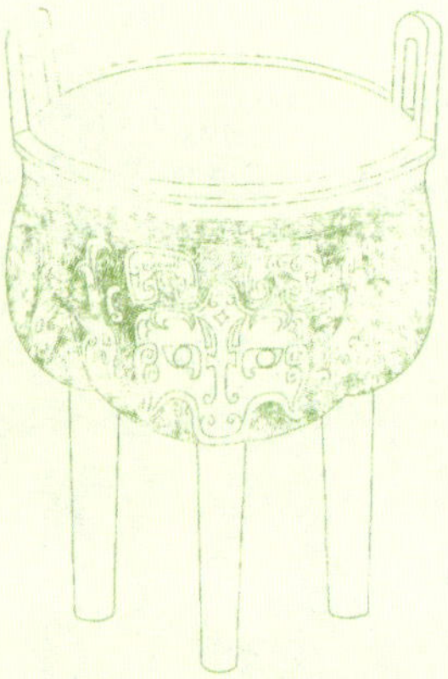

生生之謂易成象之謂乾效法之謂坤極數知來之謂占通變之謂事陰陽不測之謂神

释文

言出乎身，加乎民；行发乎迩，见乎远。
言行，君子之枢机。枢机之发，荣辱之主也。
言行，君子之所以动天地也，可不慎乎！

《周易》

书法　唐人书《开成石经》本

商父癸鼎

言出乎身加乎民行發乎
邇見乎遠言行君子之樞
機樞機之發榮辱之主也
言行君子之所以動天地也
可不慎乎

释文　二人同心，其利断金。同心之言，其臭如兰。

《周易》

书法　唐人书《开成石经》本

商若癸鼎

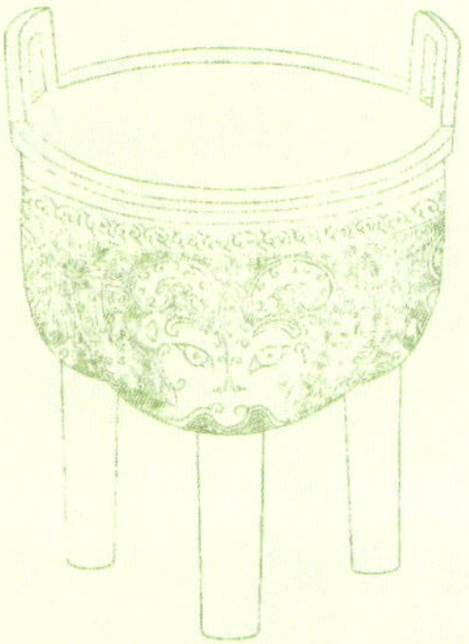

二人同心其利斷金同心
之言其臭如蘭

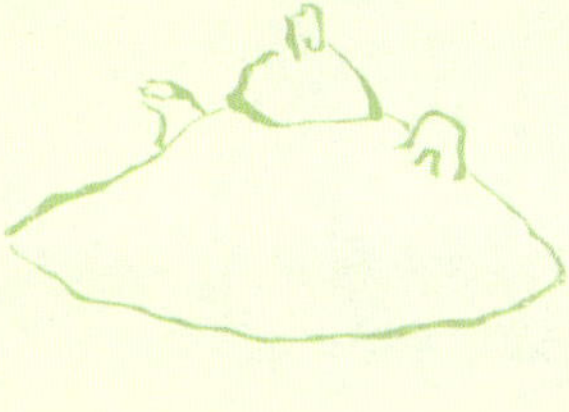

西周佚名制颂鼎铭文拓片

礼在古代中国的地位至高。“六艺”中的“礼”不仅包括礼仪、礼节，而且蕴含从国家政治、征战外交到生老病死等各种生活细节。据《周礼》载，包括“吉、凶、军、宾、嘉”在内的“五礼”之说，礼是以国家为主体而行者；据《礼记》载，包括“冠、昏、丧、祭、乡、相见”在内的“六礼”之说，礼是“言礼之在民者”。

西周颂鼎大篆铭文记录了一次册命典礼过程。铭文大意为：

“在三年五月甲戌日，王在周地康王庙里的昭王庙。天刚亮，王到昭王庙大厅就座。佑者带领颂进入昭庙，立于庭中。尹氏将任命书交给王，王命史官宣读册命书，任命职司并赏赐物品。颂叩头接受册命书，然后又返回庙中，贡纳觐见用璋。为答谢和宣扬王的美意，颂制作了祭奠宝鼎。”

从中我们可以清晰感受到礼制在西周政治生活中的核心地位。

释文　形而上者谓之道，形而下者谓之器。化而裁之谓之变，推而行之谓之通，举而错之天下之民谓之事业。

《周易》

书法　唐人书《开成石经》本

周太公鼎

形而上者謂之道形而下
者謂之器化而裁之謂之
變推而行之謂之通舉而
錯之天下之民謂之事業

释文　穷则变，变则通，通则久。《周易》

书法　唐人书《开成石经》本

周己伯鼎

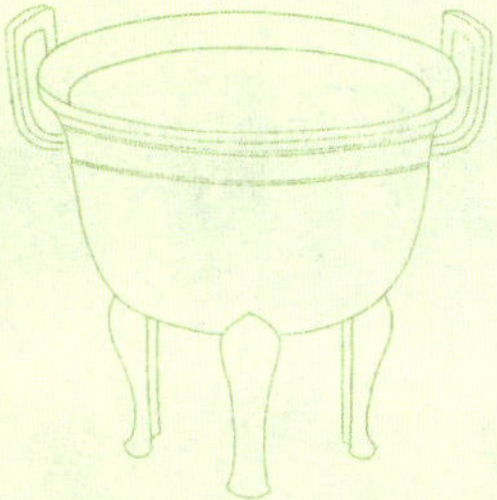

窮則變變則通通則久

释文　天下同归而殊途，一致而百虑。

《周易》

书法　唐人书《开成石经》本

周己伯鼎

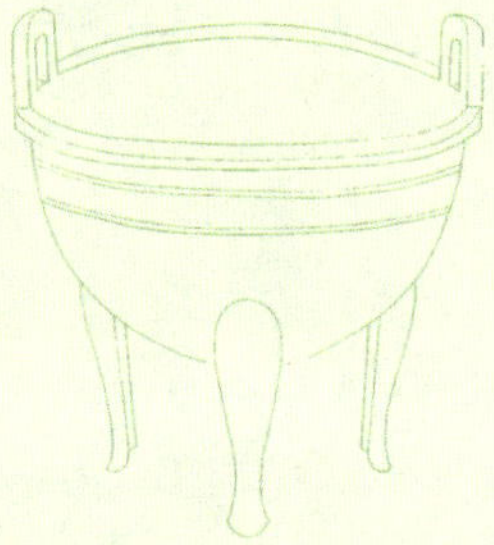

天下同歸而殊塗一致而百慮

释文　尺蠖之屈，以求信(伸)也。龙蛇之蛰，以存身也。

《周易》

书法　唐人书《开成石经》本

周行伯鼎

尺蠖之屈以求信也龍蛇
之蟄以存身也

释文　善不积不足以成名，恶不积不足以灭身。《周易》

书法　唐人书《开成石经》本

周伯師鼎

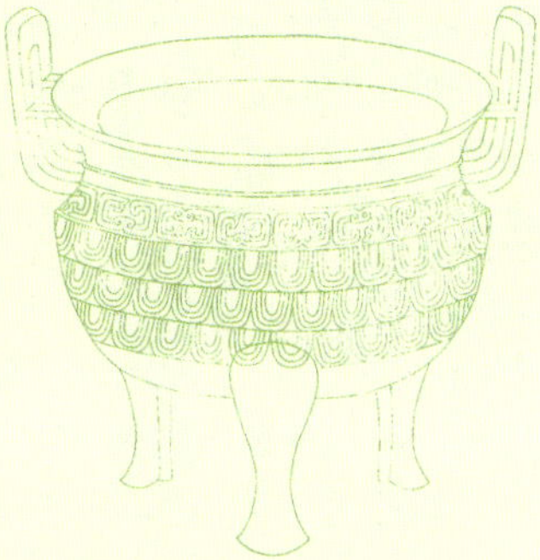

善不積不足以成名惡不
積不足以滅身

东汉佚名书《三老碑》拓片

《汉三老讳字忌日碑》（简称《三老碑》）立于东汉建武末年（约1世纪50年代），清咸丰二年（1852年）出土于浙江余姚。碑文是孙辈记录的祖父母名字和逝世日期，颂扬曾做过主管教化官职“三老”的祖父之德业。儒家重丧敬祖，旨在“慎终追远，民德归厚”（曾参语）。《三老碑》对祖先名字和忌日的重视，让今人体会到中国尊老敬祖的传统风俗。

《三老碑》不仅作为东汉早期隶书碑而为金石家所重，更有一段护宝故事加持。此碑出土后一直藏于周氏人家之手，后售于上海古董商陈氏。1921年秋，日本人欲以重金购取《三老碑》。西泠印社社长吴昌硕和社员丁辅之闻讯后急发赎回《三老碑》的募捐，得金8000元，终留国宝。1922年，西泠印社又筑室藏碑，留存至今，已成西湖一景。

碑文漫漶,难以尽识。

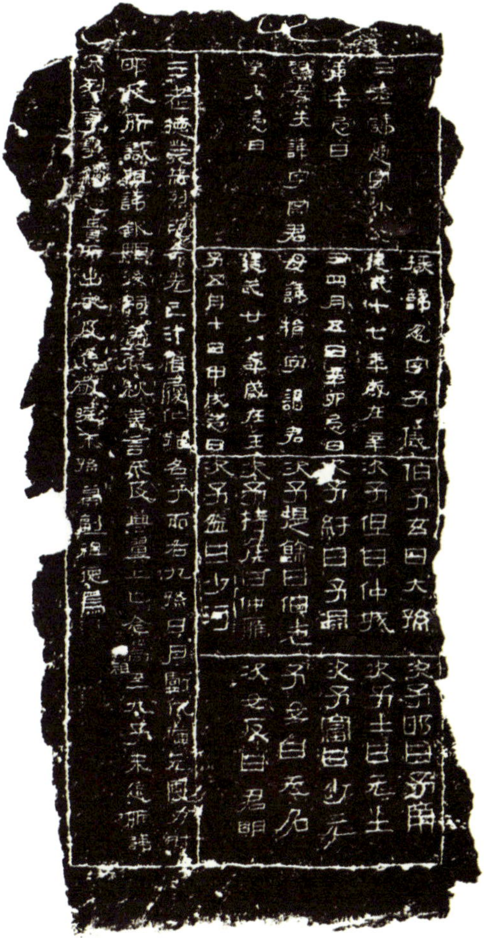

释文　安而不忘危，存而不忘亡，治而不忘乱。

《周易》

书法　唐人书《开成石经》本

周伯鼎

安而不忘危存而不忘亡
治而不忘亂

释文　德薄而位尊，知小而谋大，力少而任重，鲜不及矣。《周易》

书法　唐人书《开成石经》本

周卿鼎

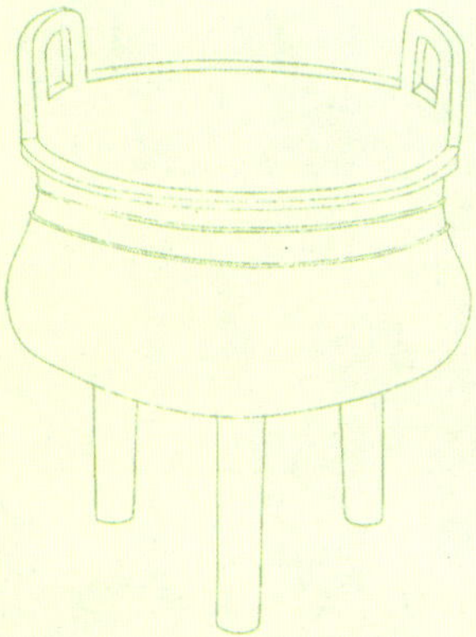

德薄而位尊知小而謀大
力少而任重鮮不及矣

释文　君子安其身而后动，易其心而后语，定其交而后求。君子修此三者，故全也。

《周易》

书法　唐人书《开成石经》本

周盟鼎

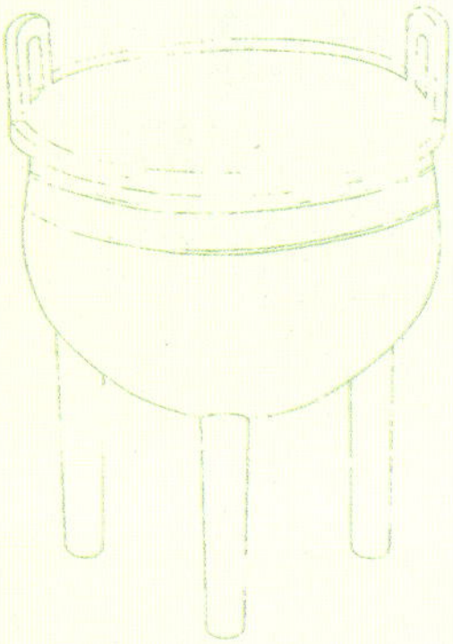

君子安其身而後動易其
心而後語定其交而後求
君子脩此三者故全也

释文　罔游于逸，罔淫于乐。　《尚书》

书法　唐人书《开成石经》本

周辛中鼎

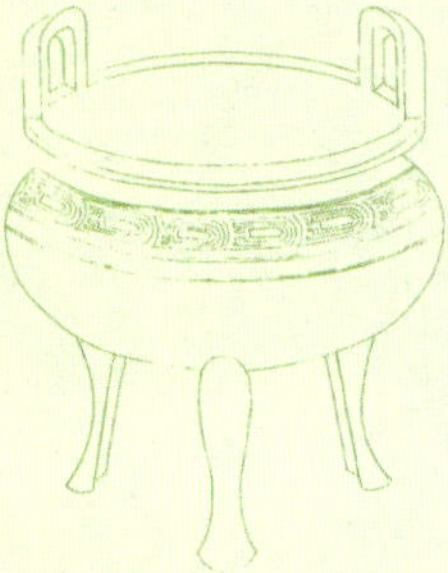

罔遊于逸罔淫于樂

释文　人心惟危，道心惟微，惟精惟一，允执厥中。

《尚书》

书法　唐人书《开成石经》本

周夔鼎

人心惟危道心惟微惟精
惟一允執厥中

北宋李公麟绘《孝经图》局部

中国人讲忠孝，其中“孝”可谓儒家礼制中的要义。从现代社会学观点来看，“孝”是将养老问题解决于家庭的中国式处方，至今不失实践意义。不过，在儒学经典中，“孝”的内涵更加沉重。在孔子弟子曾参和再传弟子共同完成的《孝经》中，“孝”不但是诸德之本，而且也是社会交往和国家治理之本。

北宋宫廷画家李公麟绘就的《孝经图》是对《孝经》中 15 个要义的图解之作。此页片断用来解释《孝经》第十章“纪孝行”中的“事亲”：“孝子之事亲也，居则致其敬，养则致其乐，病则致其忧，丧则致其哀，祭则致其严，五者备矣，然后能事亲。”这些行为方式至今仍然具有积极意义。

当然，元代郭居敬编撰的《二十四孝》中的“埋儿奉母”早已被鲁迅等先贤批判。讲究孝道，自当推陈出新。

释文　惟德动天，无远弗届。
满招损，谦受益，时乃天道。
《尚书》

书法　唐人书《开成石经》本

周曼仲鼎

惟德動天無遠弗屆滿招
損謙受益時乃天道

释文　慎厥身，修思永。

《尚书》

书法　唐人书《开成石经》本

周和鼎

慎厥身修思永

释文　知人则哲，能官人；安民则惠，黎民怀之。

《尚书》

书法　唐人书《开成石经》本

周堇山鼎

知人則哲能官人安臣則
惠黎臣懷之

释文　宽而栗，柔而立，愿而恭，乱而敬，扰而毅，直而温，简而廉，刚而塞，强而义。

《尚书》

书法　唐人书《开成石经》本

周舉鼎

寬而栗柔而立愿而恭亂
而敬擾而毅直而温簡而
廉剛而塞彊而義

释文　天聪明，自我民聪明；天明畏，自我民明威。

《尚书》

书法　唐人书《开成石经》本

周社鼎

天聰明自我民聰明天明
畏自我民明威

汉佚名制玉猪握

如何对待死亡，是各种理论或宗教的分水岭。据《论语》记载，春秋时期的鲁国人林放曾向孔子请教礼的本质。孔子回答：“礼，与其奢也，宁俭；丧，与其易也，宁戚。（一般礼仪，与其铺张浪费，宁可朴素节俭；丧礼，与其仪文周到，宁可过度悲哀。）”由此可见，孔子为强调包括丧礼在内的礼要从简，甚至不惜突破中庸法则。

但是，由于后世对孝道的强调和利用，儒家丧葬礼仪等级不但越来越森严，而且形式也越来越烦琐。汉代孝道大兴，盛行厚葬，殓葬用玉成为辟邪除灾和显示生前权力、地位的重要象征。其中，死者手中所握之玉称为“玉握”，西汉中期后普遍以玉猪象征掌握财富。汉玉猪刀法洗练，神态可爱，世称“汉八刀”，反映了汉代工匠大气而质朴的艺术风格。

释文　好问则裕，自用则小。《尚书》

书法　唐人书《开成石经》本

周拱鼎

好問則裕自用則小

释文　与人不求备，检身若不及。

《尚书》

书法　唐人书《开成石经》本

周掬鼎

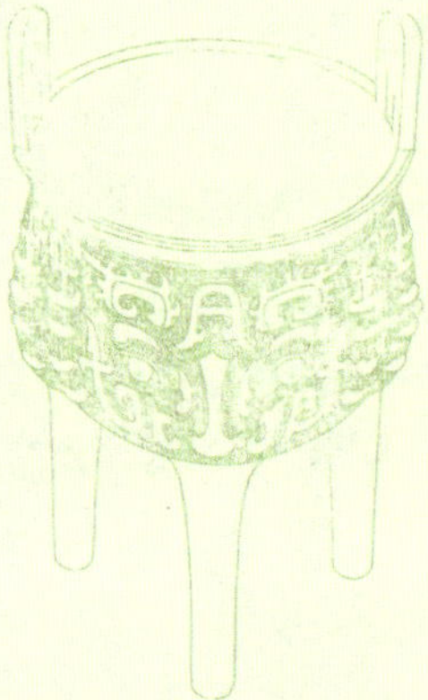

與人不求備檢身若不及

释文　若升高，必自下；若陟遐，必自迩。

《尚书》

书法　唐人书《开成石经》本

周妇鼎

若升高必自下若陟遐必自邇

释文　人惟求旧，器非求旧，惟新。

《尚书》

书法　唐人书《开成石经》本

周文鼎

人惟求舊器非求舊惟新

释文　玩人丧德，玩物丧志。

《尚书》

书法　唐人书《开成石经》本

周鑄鼎

玩人喪德玩物喪志

西周佚名制宗周钟

中华文明也被称为礼乐文明。孔子不但自己长于弹琴，为欣赏音乐而“三月不知肉味”，而且十分看重音乐的教化和治世功能。孔子说过：“人而不仁，如乐何？”便是强调“乐”的内核依然是“仁”。因此，儒家力推以钟磬为主要乐器的雅乐，主要标准包括庄严、正大、和谐等。

在所有的中国古代乐器中，钟因其乐音具有雅乐的种种特质而位于至尊地位，位列“金（钟）、石、土、革、丝、木、匏、竹”八音之首，是重要典礼奏乐的主角。西周晚期的厉王为纪念彪炳战功、祈求降福长寿而命作“宗周钟”。现存的一件钟身共饰有36枚高突的长形乳丁纹，外形华丽庄严，音质浑厚洪亮，是具有宗庙气概的天子作器。

释文　不作无益害有益，功乃成；不贵异物贱用物，民乃足。

《尚书》

书法　唐人书《开成石经》本

周史造鼎

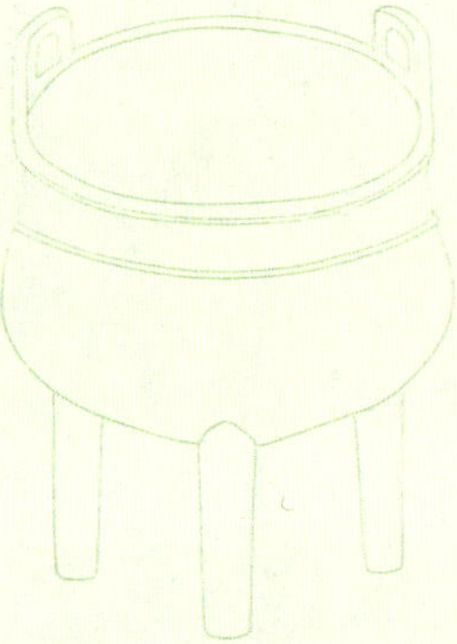

不作無益害有益功乃成
不貴異物賤用物民乃足

释文　为山九仞，功亏一篑。

《尚书》

书法　唐人书《开成石经》本

周史鼎

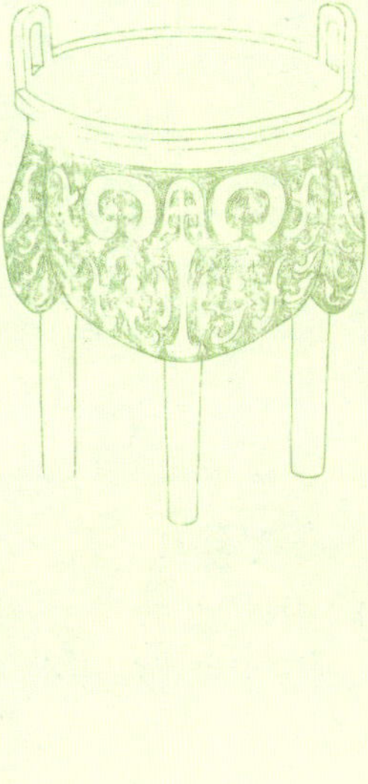

爲山九仞功虧一簣

释文　怨不在大，亦不在小；
惠不惠，懋不懋。

《尚书》

书法　唐人书《开成石经》本

周錫貝鼎

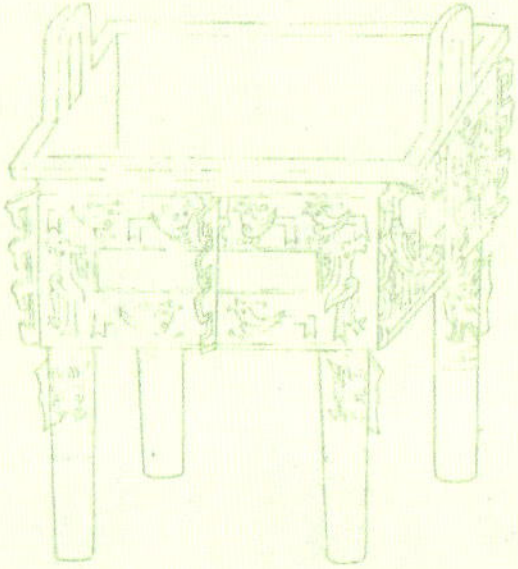

怨不在大亦不在小惠不
惠懋不懋

释文　君子所其无逸。先知稼穑之艰难，乃逸，则知小人之依。

《尚书》

书法　唐人书《开成石经》本

周錫貝鼎

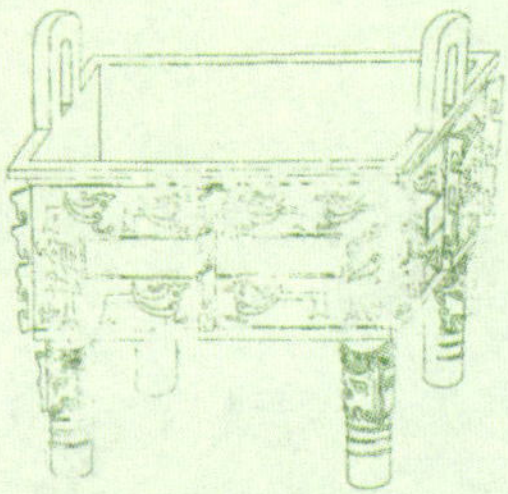

君子所其無逸先知稼穡之艱難乃逸則知小人之依

释文　惟圣罔念作狂，惟狂克念作圣。

《尚书》

书法　唐人书《开成石经》本

周子東鼎

惟聖罔念作狂惟狂克念
作聖

汉佚名制彩绘陶乐舞俑

历史地看，儒学是一条不断变化的文化河流。虽然汉武帝独尊儒术，但是，那时的儒术早已不是孔子时代的儒学，而是以孔子学说为主，杂糅法、道、阴阳家思想的“鸡尾酒”。汉代的音乐也一样，出自“乐府”的雅乐也蕴含各种民间俗乐的影响。

即使公元前7年汉哀帝下令“罢乐府官”，意在使雅乐进而俗乐退，但“靡靡之音”在之后的东汉宫廷中依然占有一定地位，以琴瑟伴歌的“相和歌”就是代表。这组现藏于美国大都会艺术博物馆的汉彩绘陶乐舞俑表现的便是“相和歌”的演出场面。最右边的乐师是鼓瑟者，中间的乐师是击掌相和歌唱者，最左边的女性舞者所跳的为盘鼓舞——一种舞者与覆于地上的盘或鼓配合并结合杂技的汉代流行舞蹈。孔子若于汉时复生，不知当作何想。

释文　责人斯无难，惟受责俾如流，是惟艰哉。

《尚书》

书法　唐人书《开成石经》本

周羊鼎

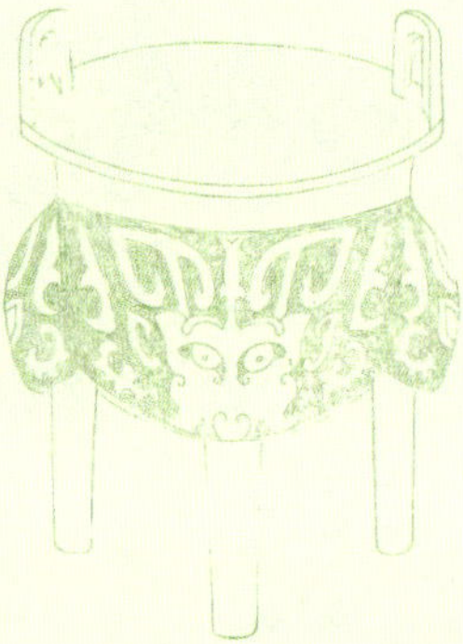

責人斯無難惟受責俾如

流是惟艱哉

释文　人之有技，若己有之；
人之彦圣，其心好之。

《尚书》

书法　唐人书《开成石经》本

周雞鼎

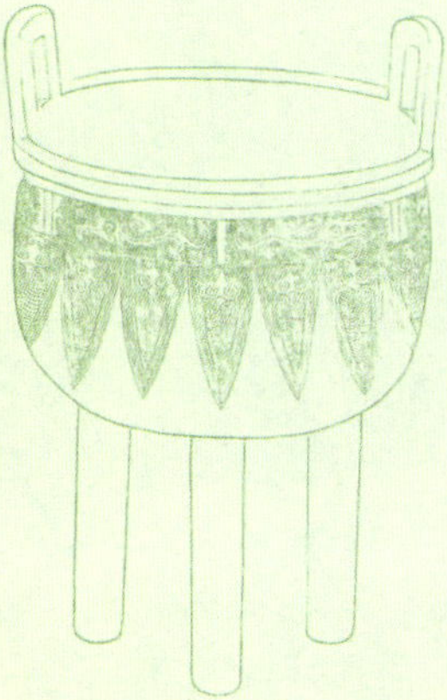

人之有技若己有之人之
彦聖其心好之

释文　克勤于邦，克俭于家。

《尚书》

书法　唐人书《开成石经》本

周寶鼎

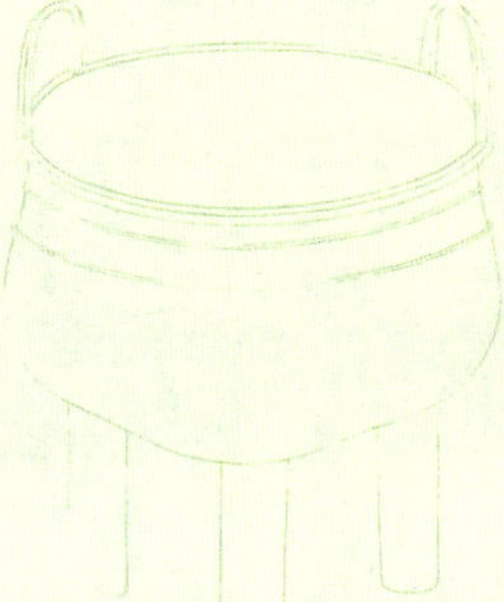

克勤于邦克儉于家

释文　多行不义，必自毙。《左传》

书法　唐人书《开成石经》本

周凤文鼎

多行不義必自斃

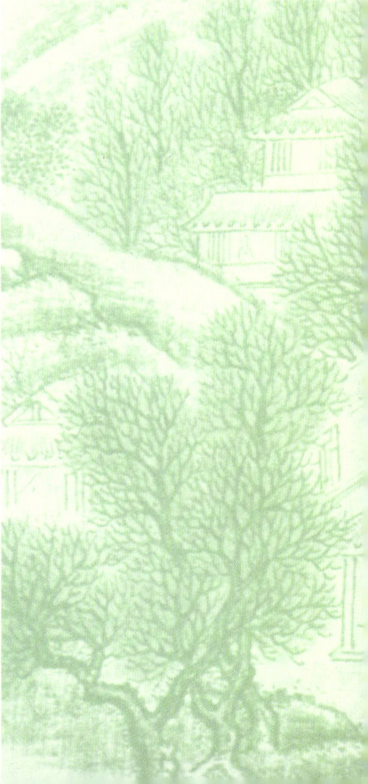

释文　善不可失，恶不可长。《左传》

书法　唐人书《开成石经》本

周丁卯敦

善不可失惡不可長

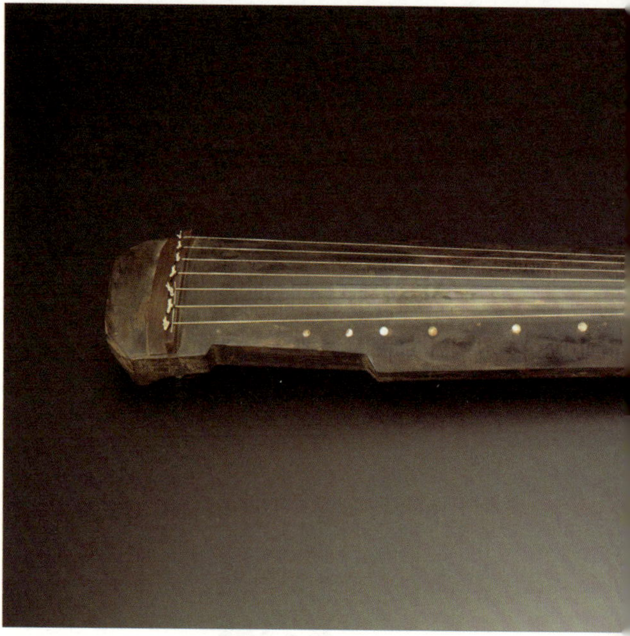

明朱常涝制“中和”琴

自西周以来的3000多年间，知识分子最喜爱的乐器非七弦古琴莫属。“众器之中，琴德最优”（嵇康语），古琴乐音品格清、淡、和、雅，被儒家寄寓向古脱俗的象征，琴道也成为修身养性的便捷有效的方法。东汉以后，文人与琴关系越来越紧密。整体来看，朝野上下好琴之风盛行。至少在清末以前，琴与棋、书和画一起构成个人的主要文化素养。琴，堪称解读中华文明的重要入口。也因此，2003年联合国教科文组织将中国古琴列为世界非物质文化遗产。

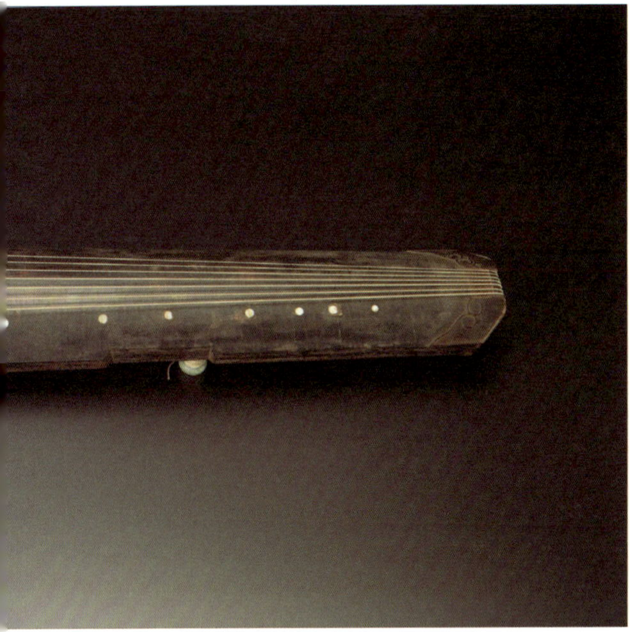

每一张琴背后都有一个动人的故事。史载，明代潞王朱常淓雅好书画，酷嗜古琴，编有琴谱《古音正宗》。他曾制琴 800 张，并编号记年，史称“潞琴”。“潞琴”选用梧桐、紫檀等名贵材料制作，琴背镌隶书琴名“中和”二字，并楷书五言诗一首：“月印长江水，风微滴露清。会到无声处，方知太古情。”因此，“潞琴”也称“中和琴”，有幸流传至今者仅 20 多张。此页展示的这张琴便是其中之一，为朱常淓崇祯七年（1634 年）制作的第十八号。

释文　山有木，工则度之；宾有礼，主则择之。

《左传》

书法　唐人书《开成石经》本

周癸亥敦

山有木工則度之賓有禮
主則擇之

释文　礼，经国家，定社稷，序民人，利后嗣者也。

《左传》

书法　唐人书《开成石经》本

周伯尚敦

禮經國家定社稷序民人
利後嗣者也

释文　度德而处之，量力而行之。《左传》

书法　唐人书《开成石经》本

周田敦

度德而處之量力而行之

释文　一鼓作气，再而衰，三而竭。

《左传》

书法　唐人书《开成石经》本

周鎬敦

一鼓作氣再而衰三而竭

释文　修己而不责人，则免于难。

《左传》

书法　唐人书《开成石经》本

周季高簋

脩己而不責人則免於難

元任仁发绘《横琴高士图》

“左琴右书”，是中国士大夫生存方式的写照。孔子对琴十分推崇，曾向卫国琴师师襄学琴，还能自弹自唱。相传，他还自制一款琴，被后世称为“仲尼琴”。人贵相知，春秋时期琴者伯牙与听者钟子期之间发生的“《高山》《流水》觅知音”的故事千载流传。经由先贤的发扬光大，乐，成为古代知识阶层安身立命的基础，琴，也成为名士修行与交游不可或缺的标配。

在元代画家任仁发绘就的《横琴高士图》中，面对流水，磐石上的朱衣高士趺坐抚琴。此图右上绘者自题七言诗一首：“横琴秋水拨冰弦，一曲平沙韵自然。领取此中无限乐，松枝垂露远山烟。”原来，高士弹奏的是借鸿鹄远志抒发逸士心胸的名曲《平沙落雁》。

释文　欲加之罪，其无辞乎？

《左传》

书法　唐人书《开成石经》本

周孟姜簋

欲加之罪其無辭乎

释文　皮之不存，毛将安傅？

《左传》

书法　唐人书《开成石经》本

周餗簠

皮之不存毛将安傅

释文　以欲从人，则可；以人从欲，鲜济。

《左传》

书法　唐人书《开成石经》本

周蟠虺簠

以欲從人則可以人從欲
鮮濟

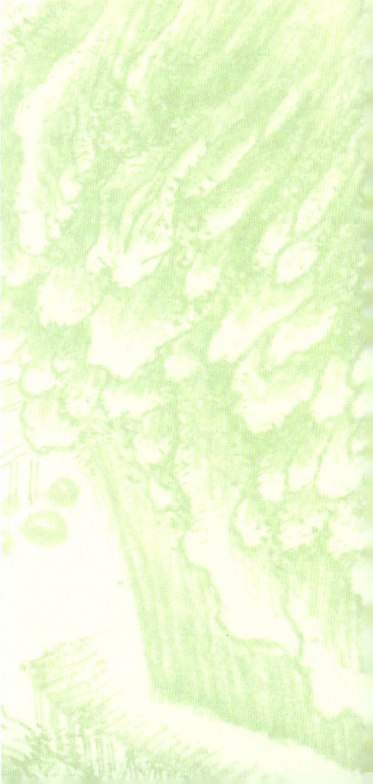

释文　信，国之宝也，民之所庇也。

《左传》

书法　唐人书《开成石经》本

周獸耳簋

信國之寶也民之所庇也

释文　置善则固，事长则顺，立爱则孝，结旧则安。

《左传》

书法　唐人书《开成石经》本

周百獸豆

宜善則固事長則順立愛
則孝結舊則安

西周佚名制静簋铭文拓片

如果说“六艺”中的“礼”和“乐”相当于德育和美育，那么射（射箭）和御（驾车）大体相当于体育。

先说“射”。在“国之大事，在祀（祭祀）与戎（军事）”的先秦时代，学习射箭既为保家卫国，也为学习射礼。据《论语》记载，主张“君子无所争”的孔子曾表示，“必也射乎（射是唯一的君子之争）”。据《仪礼》记载，比赛之前，诸人要互相作揖，然后登堂开射；比赛之后，中靶少的人要被罚饮酒。孔子称之为“其争也君子（君子之间的竞赛）”。因此，在儒家看来，射术当然重要，而射礼更是君子修行的重要内容。

目前发现的有关射箭教学的最早记载见于西周中期青铜器静簋的铭文。其文曰：“隹六月初吉，王在莽京。丁卯，王令静司射学宫，小子及服及小臣及夷仆学射。雩八月初吉庚寅，王以吴来吕刚合豳师邦君射于大池。静学（教）斁。王赐静鞞剢。静敢拜稽首，对扬天子丕显休，用作文母外姑奠簋，子子孙孙其万年用。”铭文大意是周王命一个叫“静”的大臣担任学宫的射箭老师，教导诸子弟学习射箭，因其教导有功而奖赏一具“鞞剢（带有玉饰的剑鞘）”。

释文　礼以行义，义以生利，利以平民，政之大节也。

《左传》

书法　唐人书《开成石经》本

周星紋豆

禮以行義義以生利利以
平民政之大節也

释文 仁以接事，信以守之，忠以成之，敏以行之。事虽大，必济。

《左传》

书法 唐人书《开成石经》本

周粟紋豆

仁以接事信以守之忠以
成之敏以行之事雖大必
濟

释文　居安思危。思则有备，有备无患。

《左传》

书法　唐人书《开成石经》本

周帶紋豆

居安思危思則有備有備無患

释文　祸福无门，唯人所召。《左传》

书法　唐人书《开成石经》本

周素豆

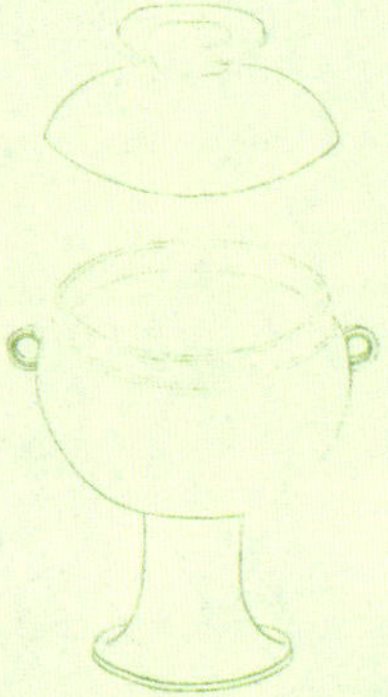

禍福無門唯人所召

释文　君子务知大者、远者，小人务知小者、近者。

《左传》

书法　唐人书《开成石经》本

商祖丁甗

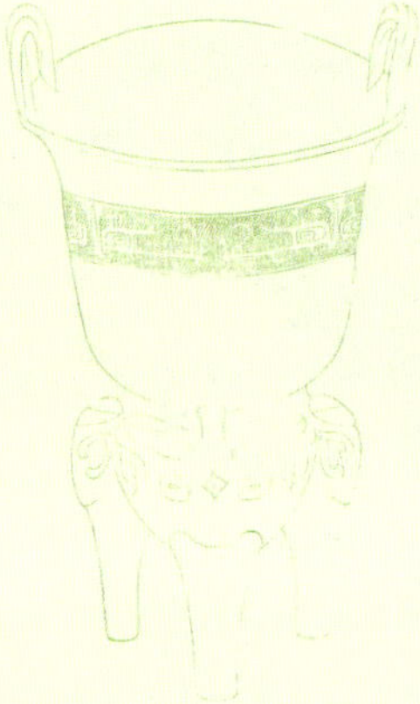

君子務知大者遠者小人
務知小者近者

东汉佚名制习射画像砖拓片

《周礼》为射术构建了包括白矢、参连、剡注、襄尺和井仪五种标准的评比体系。一般认为，“白矢”指穿靶的箭头发白，以示准确有力；“参连”指三箭连续射出，前后相连；“剡注”指箭行速度快慢；“襄尺”指与君王同射时，臣子不得与君并立，让君一尺；“井仪”指四箭连贯中标。除了“襄尺”之外，其他四种都是实打实的射技要求。

这幅东汉习射画像砖中描绘的正是两位贵族子弟搭弓射箭的情景。

周伯矩甗

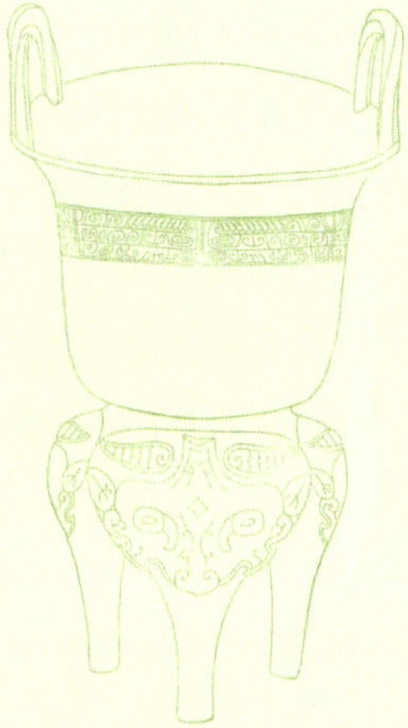

释文　君子之言，信而有征，故怨远于其身。小人之言，僭而无征，故怨咎及之。

《左传》

书法　唐人书《开成石经》本

君子之言信而有徵故怨遠於其身小人之言僭而無徵故怨咎及之

释文　凡有血气，皆有争心，故利不可强，思义为愈。　《左传》

书法　唐人书《开成石经》本

周兕甗

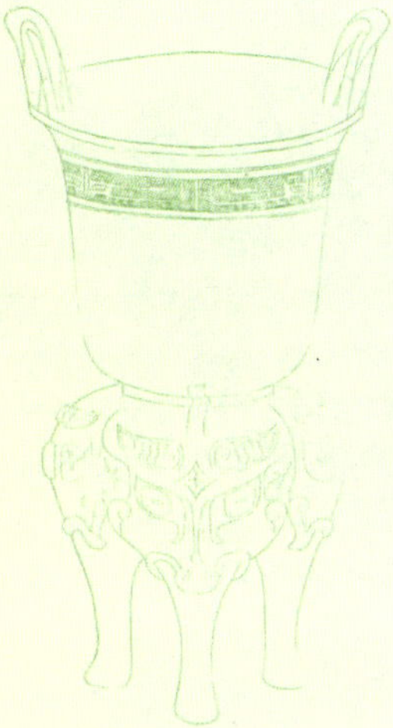

凡有血氣皆有爭心故利
不可強思義爲愈

释文　末大必折，尾大不掉。

《左传》

书法　唐人书《开成石经》本

周叔甗

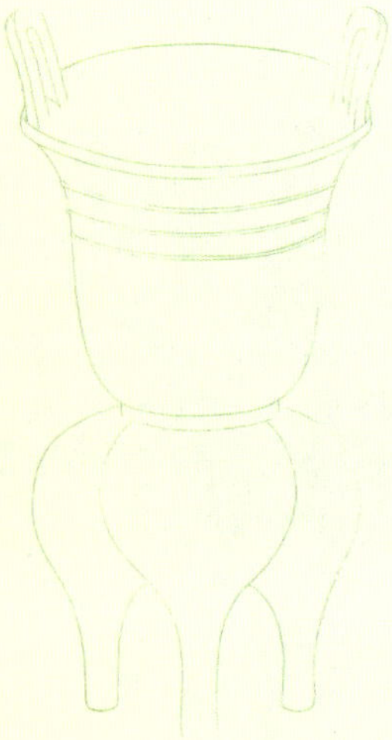

末大必折尾大不掉

释文　天道远，人道迩，非所及也，何以知之？

《左传》

书法　唐人书《开成石经》本

周子甗

天道遠人道邇非所及也
何以知之

释文

礼，上下之纪、天地之经纬也，民之所以生也，是以先王尚之。故人之能自曲直以赴礼者，谓之成人。

《左传》

书法　唐人书《开成石经》本

商祖癸鬲

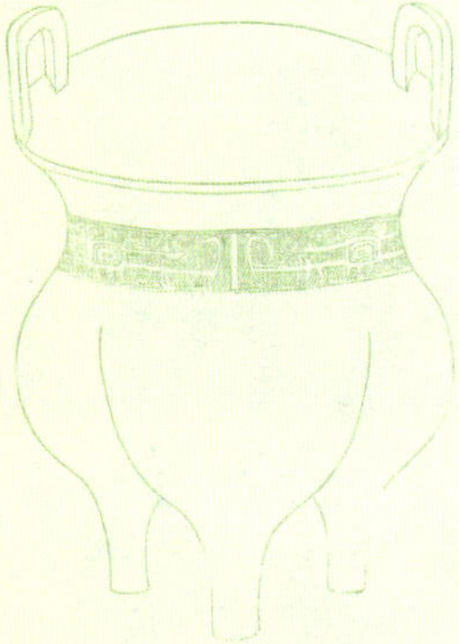

禮上下之紀天地之經緯
也民之所以生也是以先
王尚之故人之能自曲直
以赴禮者謂之成人

明佚名绘《宣宗行乐图》

秦汉之际，骑兵逐渐取代战车。4 世纪左右，马镫得以在中土普遍应用。六艺中的“御”的大部分教育功能被骑马所代替。

明宣宗朱瞻基以参与设计、制造“宣德炉”而为老百姓所知。实际上，他是一位文武全才的有为皇帝，不仅爱好书画，而且精于骑射。《宣宗行乐图》描绘了宣宗骑马出猎的矫健身形。只见他头戴蒙古帽，一脸大胡子，臂上架鹰，沿河奔驰，群雁惊起，甚是威猛，与明代后期孱弱的皇室形象简直是天壤之别。由于宣宗在位期间采取一系列德政，得以与明仁宗朱高炽联合造就了明初的“仁宣之治”。

[元] 王渊 《花卉册》之牵牛

夏

《礼记》

释文　毋不敬，俨若思，安定辞，安民哉！

《礼记》

书法　清人书内府本

商父已壶

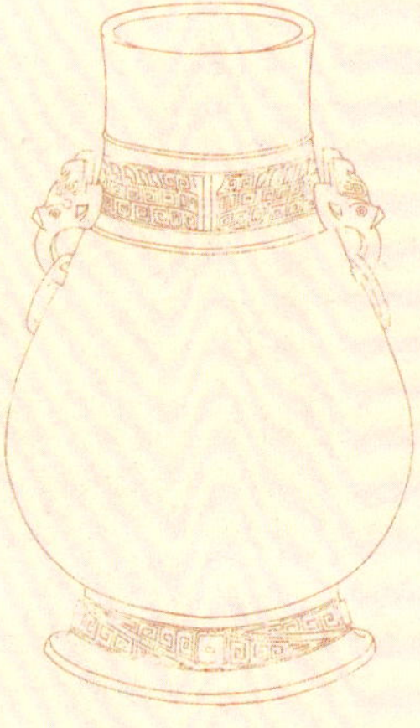

毋不敬儼若思安定辭安民哉

周月壶

释文　敖（傲）不可长，欲不可从（纵），志不可满，乐不可极。

《礼记》

书法　清人书内府本

敖不可長欲不可從志不可滿樂不可極

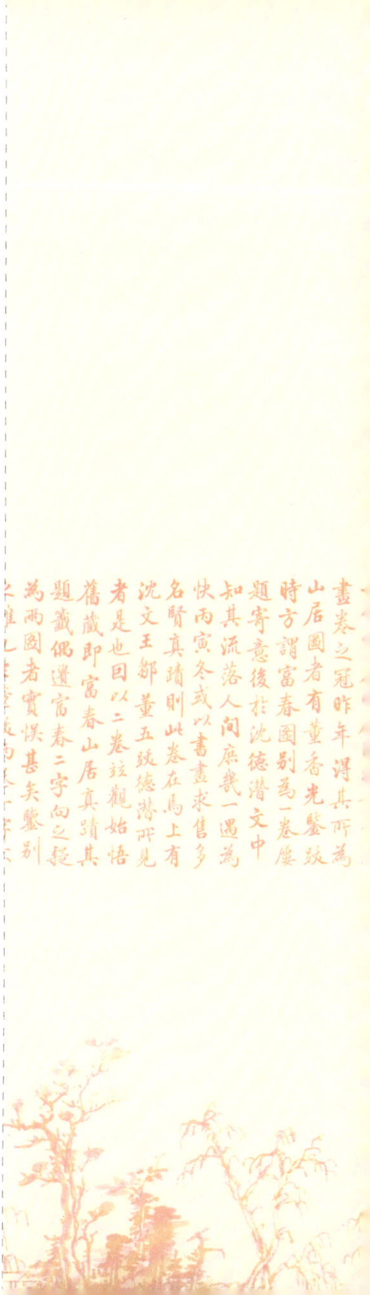

释文　贤者狎而敬之，畏而爱之。爱而知其恶，憎而知其善。积而能散，安安而能迁。

《礼记》

书法　清人书内府本

周丙辰方壶

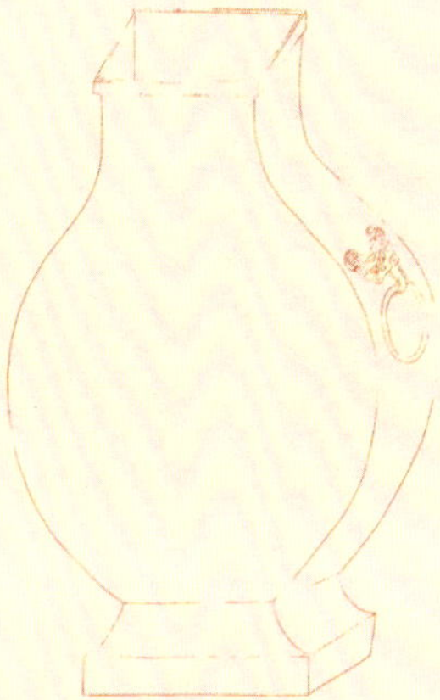

賢者狎而敬之畏而愛之愛而
知其惡憎而知其善積而能散
安安而能遷

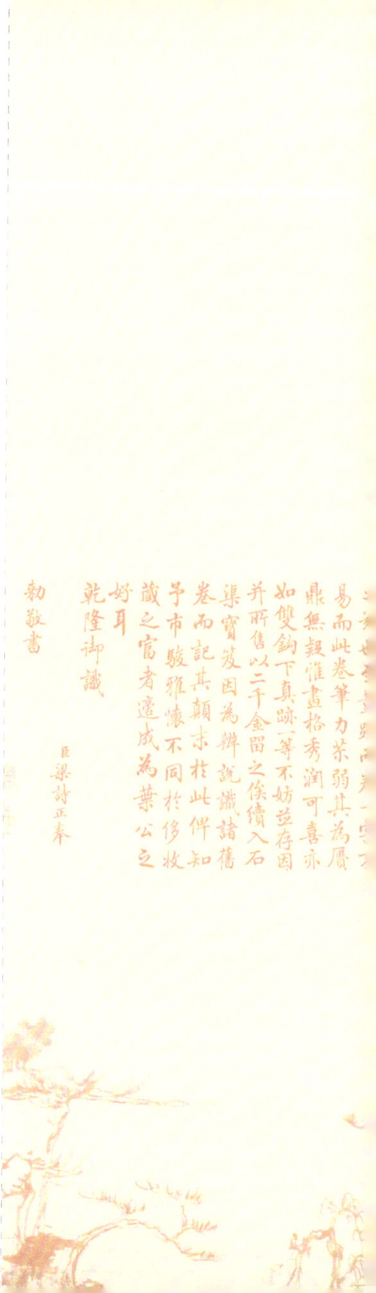

释文　临财毋苟得，临难毋苟免。狠（很）毋求胜，分毋求多。

《礼记》

书法　清人书内府本

周伯恭壶

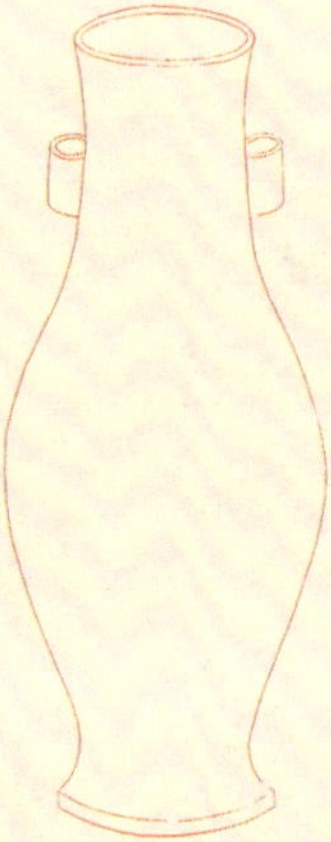

臨財毋苟得臨難毋苟免狠毋
求勝分毋求多

释文　夫礼者，所以定亲疏、决嫌疑、别同异、明是非也。

《礼记》

书法　清人书内府本

周太公壶

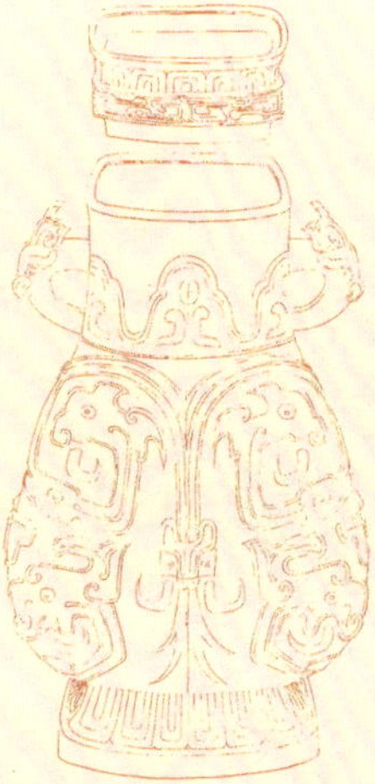

夫禮者所以定親疏決嫌疑別
同異明是非也

清佚名制雕犀角嵌金银丝扳指

在冷兵器时代，扳指是与弓箭配套的装备之一。扳指，古称韘（shè），是一种助射工具。使用时，将扳指套于右手拇指上，利用下方的凸起或浅槽扣别弓弦，防止拉弓伤手。扳指自商代诞生以来多用骨、象牙或玉制作，主要用于战争。到了清代，扳指迎来另一个高潮。长于骑射的清代统治者，特别是乾隆，营造出一种前无古人、后无来者的扳指文化。随着金、玉、牙、角和木等各种珍贵材质用于扳指制作，扳指成为清代王公贵族炫耀尚武精神的时尚饰物。

号称“十全武功”的乾隆是酷爱扳指的清代皇帝。这款雕犀角嵌金银丝扳指四周嵌刻“乾隆年制”四个小篆金字，正是乾隆当年心爱之物。学者认为，乾隆对扳指的爱好既出于维护满族传统的需要，也表现出通过“六艺”中的“射”向正统儒学意识形态的靠拢。

乾

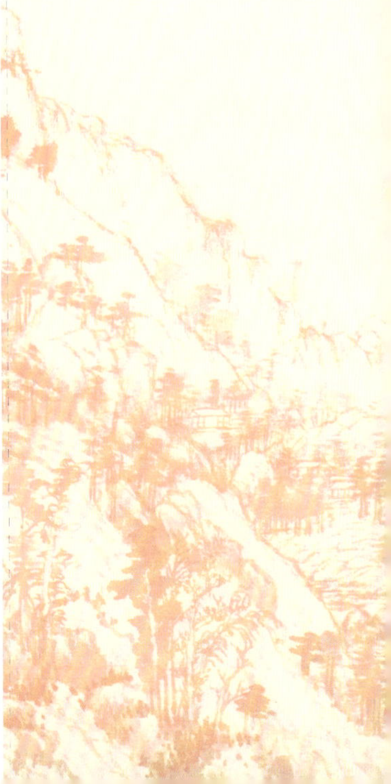

释文　礼，不妄说人，不辞费。礼，不逾节，不侵侮，不好狎。

《礼记》

书法　清人书内府本

周黎伯壶

禮不妄說人不辭費禮不踰節

不侵侮不好狎

释文　修身践言，谓之善行，行修言道，礼之质也。

《礼记》

书法　清人书内府本

周鑄壺

脩身踐言謂之善行 行脩言道

禮之質也

周宜壶

释文　礼尚往来，往而不来，非礼也；来而不往，亦非礼也。

《礼记》

书法　清人书内府本

禮尚往來往而不來非禮也來
而不往亦非禮也

释文　富贵而知好礼，则不骄不淫；贫贱而知好礼，则志不慑。

《礼记》

书法　清人书内府本

周節壺

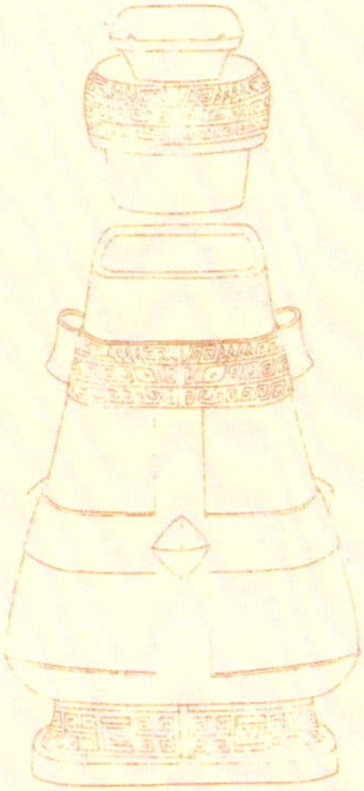

富貴而知好禮則不驕不淫貧
賤而知好禮則志不懾

释文　贫者不以货财为礼，老者不以筋力为礼。

《礼记》

书法　清人书内府本

周妇壶

貧者不以貨財為禮老者不以
筋力為禮

清佚名制仕女投壶白蜡插屏

射箭不但是名列“六艺”的高雅行为，也是有利社交的娱乐游戏。据专家考证，春秋战国时期，诸侯宴请宾客的礼仪之一就是请客射箭。但是，如果客人不长于此术呢？如果一时没有那么大的地方呢？于是，一种投箭入酒壶的游戏作为替代便应运而生。这种名为“投壶”的宴饮游戏是射礼生活化变体，将礼仪和游戏融为一体，算是长于变通的中国人的一项小发明。

随着秦汉两朝废除射礼，投壶地位再度上升，尤其为士大夫阶层雅聚所好。宋元以来，民间百姓以投壶为乐日益普遍，老少男女都可参与，是一项全民性的娱乐活动。此清早期白蜡插屏描绘的就是仕女投壶的场景。

释文　君子不尽人之欢，不竭人之忠，以全交也。

《礼记》

书法　清人书内府本

周樊壶

君子不盡人之歡不竭人之忠
以全交也

释文　入竟（境）而问禁，入国而问俗，入门而问讳。

《礼记》

书法　清人书内府本

周素壶

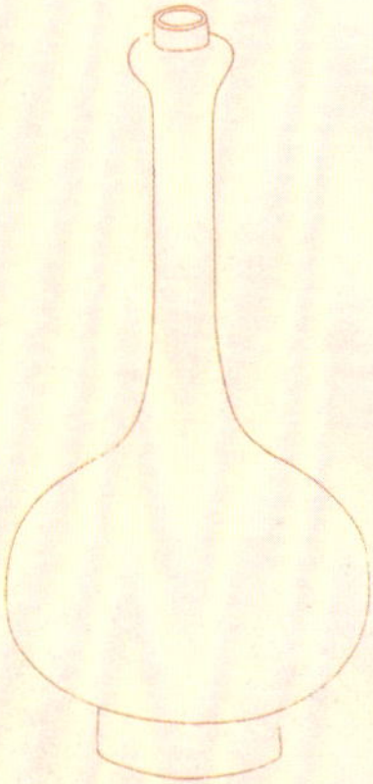

入竟而問禁入國而問俗入門
而問諱

释文　人喜则斯陶，陶斯咏，咏斯犹，犹斯舞，舞斯愠，愠斯戚，戚斯叹，叹斯辟，辟斯踊矣。品节斯，斯之谓礼。

《礼记》

书法　清人书内府本

周饕餮壶

人喜則斯陶陶斯咏咏斯猶猶
斯舞舞斯慍慍斯戚戚斯歎歎
斯辟辟斯踊矣品節斯斯之謂禮

释文　大道之行也，天下为公，选贤与能，讲信修睦。

《礼记》

书法　清人书内府本

周夔鳳壺

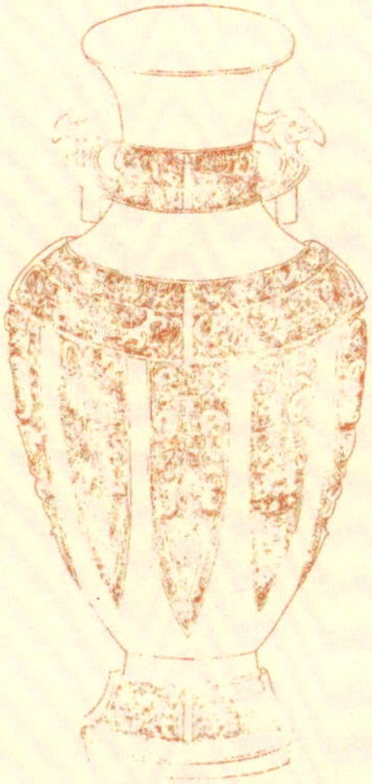

大道之行也天下為公選賢與

能講信脩睦

释文　用人之知，去其诈；用人之勇，去其怒；用人之仁，去其贪。

《礼记》

书法　清人书内府本

周蟠虬壶

用人之知去其詐用人之勇去其怒用人之仁去其貪

东汉佚名制斧车出行画像砖拓片

古代也有“驾校”，只不过是学习驾马车。在《周礼》中，“御”被列为“六艺”之四，包括“五御”。一般认为，“五御”即鸣和鸾、逐水曲、过君表、舞交衢和逐禽左。具体而言，“鸣和鸾”指行车时与车上的銮铃之声相应；“逐水曲”指马车沿着弯曲的河岸疾驰时不坠水；“过君表”指顺利通过障碍物；“舞交衢”指经过通道时驱驰自如；“逐禽左”指驱车打猎时从左面射取禽兽。

据《论语》记载，街上曾有人嘲讽孔子“博学而无所成名”。孔子听后对弟子说：“吾何执？执御乎？执射乎？吾执御矣。（我擅长什么？驾车？射箭？我还是擅长驾车。）”虽然有点自嘲，但是，从中可见孔子自认为驾车技术是最拿手的。孔子还用驾车比喻治国，深知驾车之术与道的。据《孔子家语》记载，孔子向弟子闵子骞表示：“德行和礼法是治理的工具，就像驭马要有嚼子和笼头一样。君主是车夫，官吏是缰绳，刑罚是鞭子，为政是掌握缰绳和鞭子。”

随着骑兵在东汉的崛起，驾车在军事中的地位有所下降，但是，形成了更为完备的日常车舆制度。这块东汉画像砖刻画的就是斧车出行。“斧车”是食禄一千石县令以上官吏出行的开道车辆。它是不巾不盖的小型双轮车，车上树一柄显示威严的大钺斧是其主要标志。

释文　不窥密，不旁狎，不道旧故，不戏色。

《礼记》

书法　清人书内府本

周蟠虺壶

不窺密不旁狎不道舊故不戲色

释文　毋拔来，毋报往，毋渎神，毋循枉，毋测未至。

《礼记》

书法　清人书内府本

周蟠夔壶

毋拔來毋報往毋瀆神毋循枉

毋測未至

释文　玉不琢，不成器；人不学，不知道。

《礼记》

书法　清人书内府本

周蟠夔匾壶

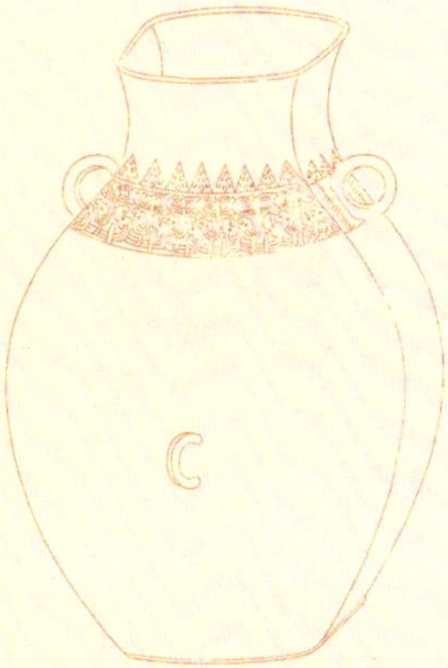

玉不琢不成器人不學不知道

释文

学，然后知不足；教，然后知困。知不足，然后能自反也。知困，然后能自强也。故曰：教学相长也。

《礼记》

书法　清人书内府本

周蟠螭壶

學然後知不足教然後知困知
不足然後能自反也知困然後
能自强也故曰教學相長也

释文　善歌者使人继其声，善教者使人继其志。

《礼记》

书法　清人书内府本

周盤雲壺

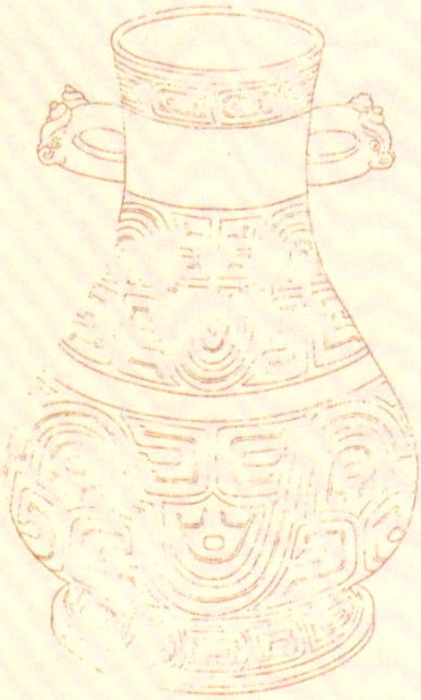

善歌者使人繼其聲善教者使人繼其志

战国佚名制青铜驭手

在先秦，战车可谓国之重器，是一个国家实力的标志。一般而言，战车每车驾 2 匹或 4 匹马，与一定数目的步兵配合作战。每车可载甲士 3 名，左士持弓主射，右士执戈主刺，中士驾车主驭。在车战时代，驭手地位非常重要，责任重大，关系到将帅的安全，乃至战争的成败。《礼记》曾载，鲁庄公与宋人作战时马匹受惊，差点导致庄公死难，驭手因感到失职和羞耻而自杀。

此战国铸造的青铜驭手应是铜车马组中的一件，现藏美国大都会艺术博物馆。这位孤独的士兵仍然保持着驾持缰绳的姿势，但是，缰绳和原来周围的一切早已不知所终。

释文　凡学之道，严师为难。师严然后道尊，道尊然后民知敬学。

《礼记》

书法　清人书内府本

周篆带壶

凡學之道嚴師為難師嚴然後
道尊道尊然後民知敬學

释文　善学者师逸而功倍，又从而庸之；不善学者师勤而功半，又从而怨之。

《礼记》

书法　清人书内府本

周山紋壺

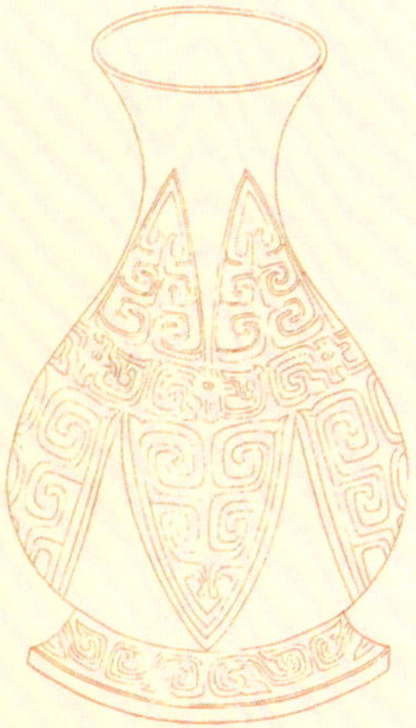

善學者師逸而功倍又從而庸
之不善學者師勤而功半又從
而怨之

释文　礼以道其志，乐以和其声，政以一其行，刑以防其奸。

《礼记》

书法　清人书内府本

周司寇匜

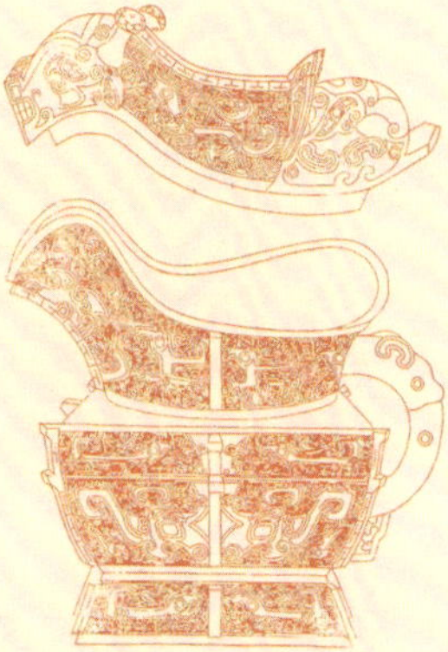

禮以道其志樂以和其聲政以一其行刑以防其姦

释文　治世之音安以乐，其政和。乱世之音怨以怒，其政乖。亡国之音哀以思，其民困。

《礼记》

书法　清人书内府本

周祖匜

治世之音安以樂其政和亂世
之音怨以怒其政乖亡國之音
哀以思其民困

释文　不知声者不可与言音，不知音者不可与言乐。知乐则几于礼矣。礼乐皆得，谓之有德。

《礼记》

书法　清人书内府本

周姜伯匜

不知聲者不可與言音不知音
者不可與言樂知樂則幾於禮
矣禮樂皆得謂之有德

西周佚名制銮铃

古代帝王车驾上饰有銮铃，车马行进时撞击发声，常用来作为帝王车驾的代称。“鸣和鸾”是一种驾车技能，此“鸾”即为銮铃，考验的是驾车节奏。

此西周晚期制作的青铜銮铃形制复杂，看上去像一个老式麦克风。上部圆形銮体为镂空封装圆球而成，下部方座有孔，可能用于固定在木柱之上。

周陳伯匜

释文　乐者为同，礼者为异。同则相亲，异则相敬。乐胜则流，礼胜则离。

《礼记》

书法　清人书内府本

樂者為同禮者為異同則相親
異則相敬樂勝則流禮勝則離

释文　大乐必易，大礼必简。乐至则无怨，礼至则不争。

《礼记》

书法　清人书内府本

周女匜

大樂必易大禮必簡樂至則無

怨禮至則不爭

释文　大乐与天地同和，大礼与天地同节。和，故百物不失；节，故祀天祭地。

《礼记》

书法　清人书内府本

周利匜

大樂與天地同和大禮與天地同節和故百物不失節故祀天祭地

释文　穷本知变，乐之情也。著诚去伪，礼之经也。

《礼记》

书法　清人书内府本

周般匜

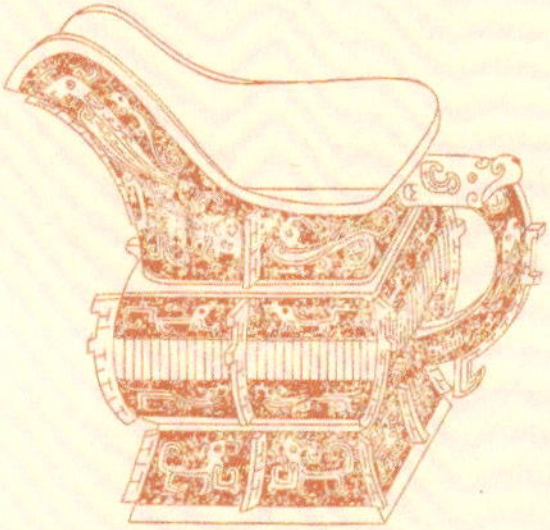

窮本知變樂之情也著誠去僞
禮之經也

周山匜

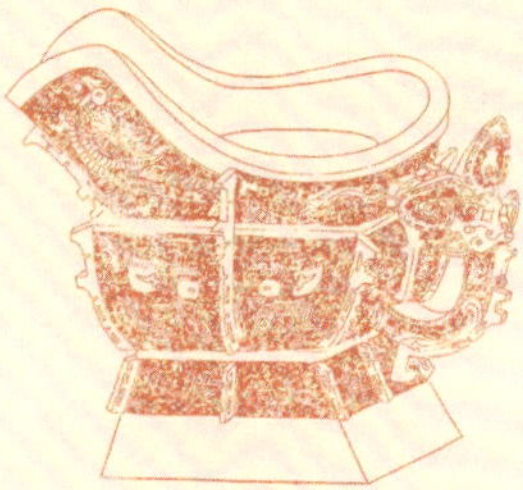

释文

君子有三患：

未之闻，患弗得闻也。

既闻之，患弗得学也。

既学之，患弗能行也。

《礼记》

书法　清人书内府本

君子有三患未之聞患弗得聞
也既聞之患弗得學也既學之
患弗得行也

明程君房制“鸟迹书台”圆墨

六艺中的“书”大体相当于现代语文教育中的识字和书法。东汉许慎撰《说文解字叙》载，周代贵族子弟八岁入小学，先学习“六书”。所谓“六书”是象形、指事、会意、形声四种造字方法、转注和假借二种用字方法的合称。这是识字之始。

现代考古学已经证实，世界上所有文字都起源于原始的象形文字。汉字当然也不例外，但是，真正发展出高级书写艺术的只有汉字一家。因此，汉字的起源常被神化。比如，最迟至战国时期，关于黄帝史官仓颉造字的传说。

关于仓颉造字的传说和遗迹很多，有的说他观鸟迹而造字，有的说唐长安三会寺土台为仓颉造字之处，等等。明代制墨大家程君房根据这两个传说制作了“鸟迹书台”圆墨，一面阴刻篆款“鸟迹书台”，另一面作庭园露台上隐有鸟踏足迹。这种直径 12.5 厘米的巨型墨一般不是实用墨，而是观赏墨。古人看到它，就会想起汉字，想起看书和学习。

之幾何而江山不可復識矣

释文　居其位，无其言，君子耻之。有其言，无其行，君子耻之。

《礼记》

书法　清人书内府本

周子匜

居其位無其言君子恥之有其言無其行君子恥之

释文　张而不弛，文武弗能也。
弛而不张，文武弗为也。
一张一弛，文武之道也。

《礼记》

书法　清人书内府本

周馬匜

張而不弛文武弗能也弛而不張文武弗為也一張一弛文武之道也

释文　孝子之有深爱者必有和气，有和气者必有愉色，有愉色者必有婉容。

《礼记》

书法　清人书内府本

周環紋匜

孝子之有深愛者必有和氣有和氣者必有愉色有愉色者必有婉容

释文　孝有三：大孝尊亲，其次弗辱，其下能养。

《礼记》

书法　清人书内府本

商祖辛盉

孝有三大孝尊親其次弗辱其
下能養

释文　父母爱之，喜而弗忘。
父母恶之，惧而无怨。
父母有过，谏而不逆。

《礼记》

书法　清人书内府本

周虢盉

父母愛之喜而弗忘父母惡之
懼而無怨父母有過諫而不逆

（传）春秋孔子书《孔丘延陵帖》

孔子生活的时代，各国通行文字不尽相同，虽不便处多，但是大部分汉字造型接近，个别差异大的，从上下文中也能猜测出来。那么，孔子的书法到底什么样？

传说，吴国王子季札逝后，孔子为其书写墓碑，全文为“呜呼延陵封邑有吴君子之墓”，世称《孔丘延陵帖》。由于原碑已坏，唐玄宗李隆基曾命大臣殷仲容重新摹刻。此本后又被辗转摹刻于北宋《淳化阁法帖》《大观帖》中，留存于世。

不过，关于《吴季札墓志》历来争议较多，没有定论，权当作后人纪念孔子的一种方式吧。

魯司寇仲尼書

周季高盉

释文　古之为政，爱人为大。不能爱人，不能有其身；不能有其身，不能安土；不能安土，不能乐天；不能乐天，不能成其身。

《礼记》

书法　清人书内府本

古之為政愛人為大不能愛人
不能有其身不能有其身不能
安土不能安土不能樂天不能
樂天不能成其身

释文　礼者，因人之情而为之节文，以为民坊（防）者也。

《礼记》

书法　清人书内府本

周田盉

禮者因人之情而為之節文以
為民坊者也

释文　有国家者，贵人而贱禄，则民兴让；
尚技而贱车，则民兴艺。

《礼记》

书法　清人书内府本

周仲阜盉

有國家者貴人而賤禄則民興
讓尚技而賤車則民興藝

释文　善则称人，过则称己。

《礼记》

书法　清人书内府本

周伯定盉

善則稱人過則稱己

释文　君子慎以辟祸，笃以不揜（掩），恭以远耻。

《礼记》

书法　清人书内府本

周伯矩盉

君子慎以辟禍篤以不揜恭以遠恥

明沈度书《致镛翁书》

隋代创立科举制度以来，“写一手好字”成为渴望成功的中国知识分子的追求之一。历史上没有哪个国家像中国这样，从皇帝到臣子，对写字如此看重。书法，不但作为选拔人才的重要标准，甚至与修养、人格画等号。

被明成祖朱棣誉为“我朝王羲之”的沈度是书法文化史被误解最深的人物之一。他被后人认为是刻板的“馆阁体”鼻祖。实际上，在沈度那个年代，论楷书，能比他写得好的人真不多。他的楷书根植于“二王”传统，又得力于智永、虞世南和赵孟頫等大家，最终打造出“以婉丽胜”的中和风格，被董其昌评为“百余年来，无出其右”。

这封沈度以行书写给好友的信件书法流媚自然，没有一点“馆阁体”的影子。文间，提及应约奉送两幅楷书作品，同时感谢对方赠送传为三国魏梁鹄隶书《鲁孔子庙碑》拓片。一位深知书法之美的艺术家的形象跃然纸上。压抑人性的“馆阁体”清代中期才开始出现，但是，清人论其源流时上溯到明代，于是，沈度便被拎出示众。

鏞翁大兄鄉兄閣下奉
書
前者惠來具領
雅意向索真字乞寫西銘一通坐
右銘一通奉旨殊愧隨筆奉
見教後次人便乃盡
孔廟梁鵠隸碑一二紙墨色特
明朗素正陸類伏惟
心照不宣 十二月廿四日 友生 庚奉

鏞翁大兄心兄閣下
沈度囯寬

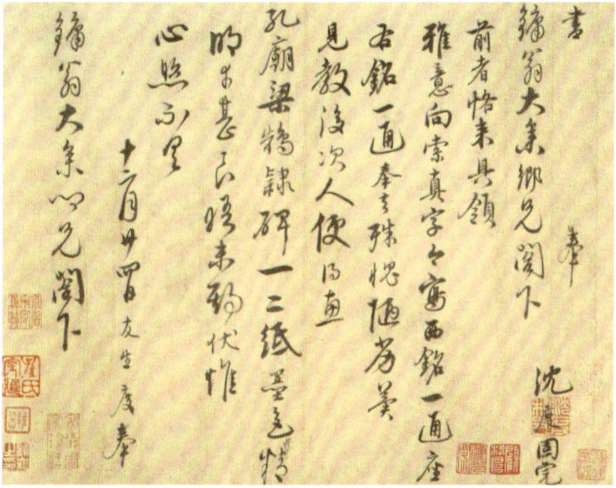

释文　以德报德，则民有所劝；以怨报怨，则民有所惩。

《礼记》

书法　清人书内府本

周女盉

以德報德則民有所勸以怨報怨則民有所懲

释文　仁者安仁，知者利仁，畏罪者强人（仁）。

《礼记》

书法　清人书内府本

周福盉

仁者安仁知者利仁畏罪者强人

释文　君子不以其所能者病人，不以人之所不能者愧人。

《礼记》

书法　清人书内府本

周子盉

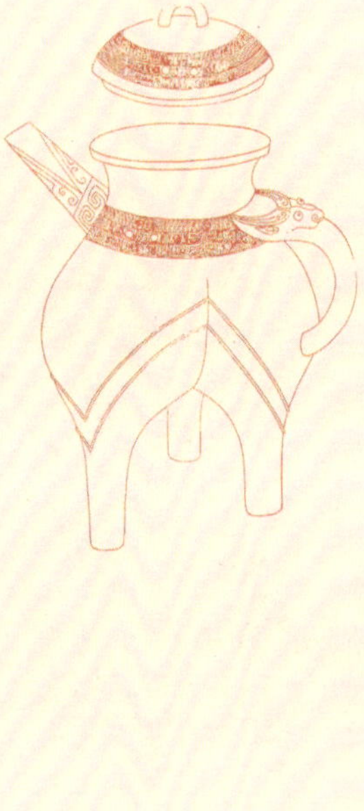

君子不以其所能者病人不以人之所不能者愧人

周素洗

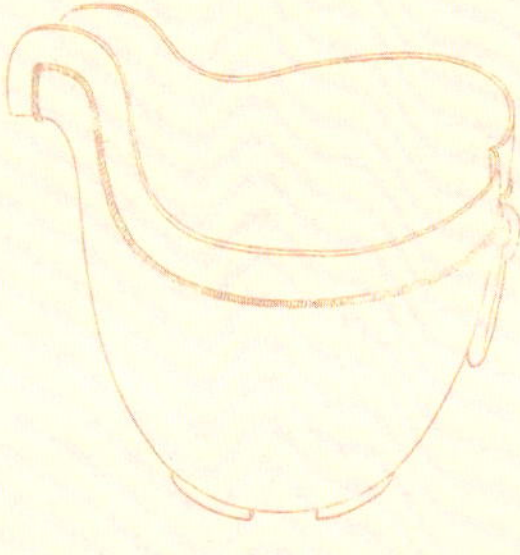

释文　君子不自大其事，不自尚其功，以求处情；过行弗率，以求处厚；彰人之善，而美人之功，以求下贤。

《礼记》

书法　清人书内府本

君子不自大其事不自尚其功
以求處情過行弗率以求處厚
彰人之善而美人之功以求下賢

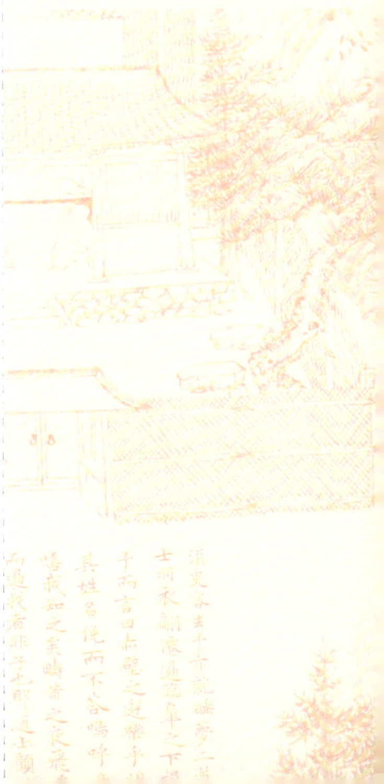

周弦紋洗

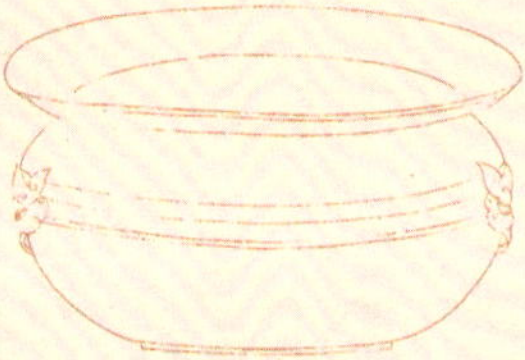

释文　君子不以辞尽人。故天下有道，则行有枝叶；天下无道，则辞有枝叶。

《礼记》

书法　清人书内府本

君子不以辭盡人故天下有道
則行有枝葉天下無道則辭有
枝葉

清刘韵珂书奏折局部

“馆阁体”的特点是乌、方、光、大，清代中期开始定型，是科举考试和官场公文标准用字，算是现代印刷体的前身。

道光年间，闽浙总督刘韵珂书写的这份奏折所用的就是标准的馆阁体。奏折尾部还有道光皇帝的朱批。讽刺的是，170 多年后的今日，能写出“馆阁体”的书法家也不多了。

民番私墾各緣由謹先繕摺據實覆奏伏乞

皇上聖鑒訓示謹

奏

大學士軍機大臣會同該部

悉心計議務期久遠無弊妥

議具奏

道光二十七年八月 十六 日

周素盂

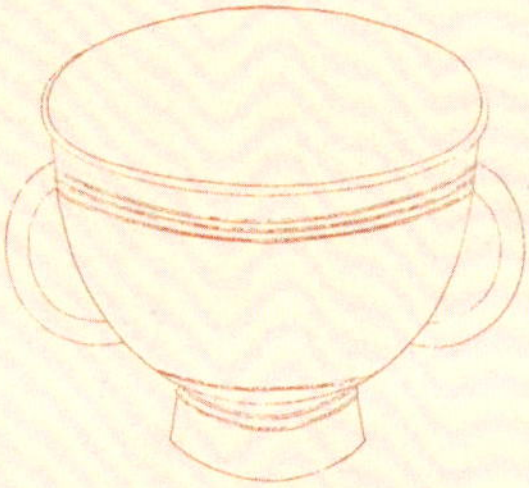

释文　君子之接如水，小人之接如醴。君子淡以成，小人甘以坏。

《礼记》

书法　清人书内府本

君子之接如水小人之接如醴
君子淡以成小人甘以壞

释文　口惠而实不至，怨菑及其身。是故君子与其有诺责也，宁有已怨。

《礼记》

书法　清人书内府本

周蟠虺盂

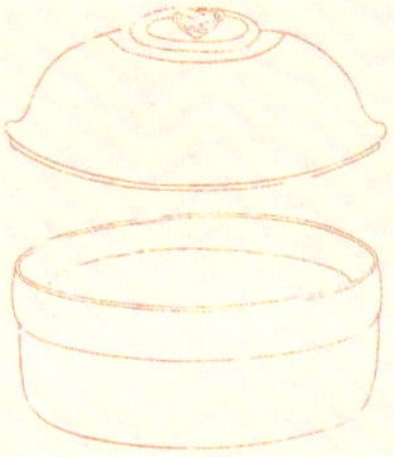

口惠而實不至怨菑及其身是
故君子與其有諾責也寧有已怨

释文　君子道人以言，而禁人以行，故言必虑其所终，而行必稽其所敝，则民谨于言而慎于行。

《礼记》

书法　清人书内府本

周貫魚盤

君子道人以言而禁人以行故
言必慮其所終而行必稽其所
敝則民謹於言而慎於行

释文　唯君子能好其正，小人毒其正。故君子之朋友有乡，其恶有方。

《礼记》

书法　清人书内府本

周齊姬盤

唯君子能好其正小人毒其正

故君子之朋友有鄉其惡有方

周丁亥盘

释文　儒有居处齐难，其坐起恭敬；言必先信，行必中正；道涂（途）不争险易之利，冬夏不争阴阳之和；爱其死以有待也，养其身以有为也。

《礼记》

书法　清人书内府本

儒有居處齊難其坐起恭敬言
必先信行必中正道塗不爭險
易之利冬夏不爭陰陽之和愛
其死以有待也養其身以有為也

宋佚名制十二生肖八卦镜

“六艺”之中“数”大体相当于数学及其应用，包括方田（田亩面积计算问题）、粟米（谷物粮食比例折换问题）、差分（比例分配问题）、少广（已知面积、体积，反求一边长和径长问题）、商功（土石工程、体积计算问题）、均输（合理摊派赋役问题）、方程（一次方程组问题）、盈不足（双设法问题）和旁要（以勾股定理求解问题）。中国古代第一部数学专著《九章算术》便以此分章。当然，作为原始数学，“数”还有运筹、预测、占卜等意义，故而统称为数术。

这面宋制十二生肖八卦镜内圈环列八卦图案。一般认为，“数”的一个源头即是“八卦”。

释文　不宝金玉，而忠信以为宝。《礼记》

书法　清人书内府本

周蟠夔盘

不寶金玉而忠信以爲寶

释文　委之以货财，淹之以乐好，见利不亏其义；劫之以众，沮（阻）之以兵，见死不更其守。

《礼记》

书法　清人书内府本

周夔紋盤

委之以貨財淹之以樂好見利
不虧其義劫之以衆沮之以兵
見死不更其守

释文　往者不悔，来者不豫；
过言不再，流言不极；
不断其威，不习其谋。

《礼记》

书法　清人书内府本

周析子孙罍

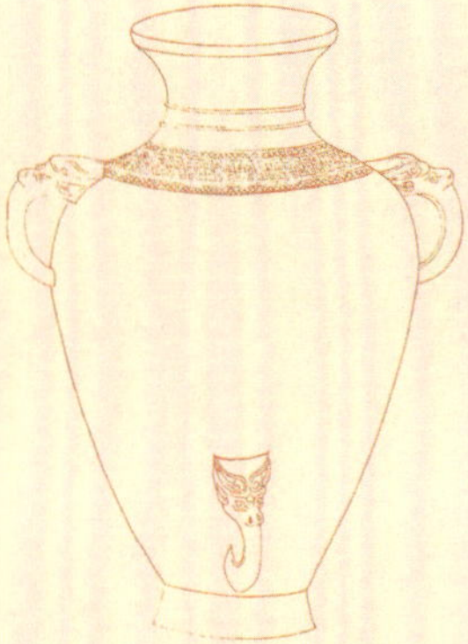

往者不悔來者不豫過言不再
流言不極不斷其威不習其謀

释文　儒有可亲而不可劫也，可近而不可迫也，可杀而不可辱也。

《礼记》

书法　清人书内府本

周立戈罍

儒有可親而不可劫也可近而
不可迫也可殺而不可辱也

释文　儒有忠信以为甲胄，礼义以为干橹，戴仁而行，抱义而处，虽有暴政，不更其所。

《礼记》

书法　清人书内府本

周攻罍

儒有忠信以為甲冑禮義以為
干櫓戴仁而行抱義而處雖有
暴政不更其所

清谢遂仿唐人《大禹治水图》

《周髀算经》是中国古老的数学和天文经典之一。一般认为，它记载了中国上古时期的史料。《周髀算经》记载了周公向商高请教数学知识的对话，言及大禹治水时应用的数学知识即是“勾股定理”。

清内府曾旧藏唐佚名绘《大禹治水图》。乾隆曾命宫中艺人以此为底本制作玉山子、仿绘本和木雕等多个同主题的艺术品。此图即清宫廷画家谢遂于乾隆四十一年（1776 年）受命仿作的绘本。

释文　儒有今人与居，古人与稽；今世行之，后世以为楷；适弗逢世，上弗援，下弗推。谗谄之民有比党而危之者，身可危也，而志不可夺也；虽危，起居竟信其志，犹将不忘百姓之病也。

《礼记》

书法　清人书内府本

周亞罍

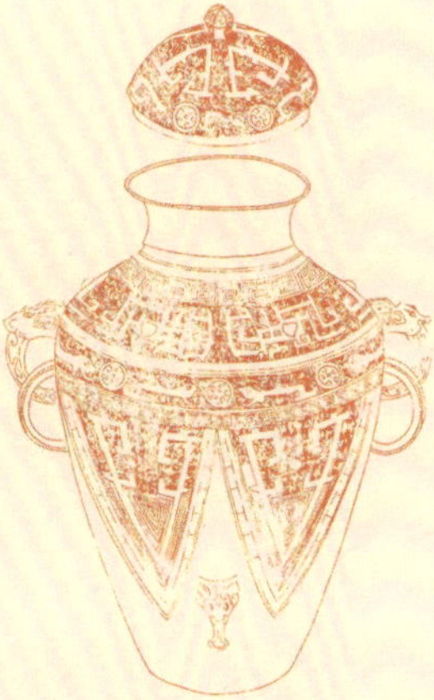

儒有今人與居古人與稽今世行之後世以為楷適弗逢世上弗援下弗推讒諂之民有比黨而危之者身可危也而志不可奪也雖危起居竟信其志猶將不忘百姓之病也

释文

儒有博学而不穷，笃行而不倦；幽居而不淫，上通而不困；礼之以和为贵，忠信之美，优游之法；慕贤而容众，毁方而瓦合。

《礼记》

书法　清人书内府本

周犧首罍

儒有博學而不窮篤行而不倦
幽居而不淫上通而不困禮之
以和為貴忠信之美優游之法
慕賢而容衆毀方而瓦合

释文　儒有内称不辟（避）亲，外举不辟（避）怨，程功积事，推贤而进达之，不望其报。君得其志，苟利国家，不求富贵。

《礼记》

书法　清人书内府本

周獸耳罍

儒有内稱不辟親外舉不辟怨
程功積事推賢而進達之不望
其報君得其志苟利國家不求
富貴

释文　儒有闻善以相告也，见善以相示也；爵位相先也，患难相死也；久相待也，远相致也。

《礼记》

书法　清人书内府本

周犧耳罍

儒有聞善以相告也見善以相示也爵位相先也患難相死也久相待也遠相致也

释文　不临深而为高，不加少而为多；世治不轻，世乱不沮；同弗与，异弗非也。

《礼记》

书法　清人书内府本

周犧首罍

不臨深而為高不加少而為多
世治不輕世亂不沮同弗與異
弗非也

北宋张择端绘《清明上河图》局部

中国古代的“四大发明”有功于世界发展，此外，还有很多小发明也十分受用，比如，算盘。上古时代用小木棍计算，称为“筹算”。中国人在此基础上发明了简便而实用的计算工具——算盘。

由于文献记载和实物欠缺，算盘的起源时间众说纷纭。以真实记录北宋宣和年间汴梁及汴河两岸繁华景象的《清明上河图》中描绘了一个名为“赵太丞家”的中药铺子，铺内柜台上赫然摆着一具算盘！专家认为，这一发现或许能将算盘的确切发明时间提前到 12 世纪，甚至更早。

释文　慎静而尚宽，强毅以与人，博学以知服。

《礼记》

书法　清人书内府本

周雲螭罍

慎靜而尚寬强毅以與人博學以知服

释文　儒有合志同方，营道同术；并立则乐，相下不厌；久不相见，闻流言不信；其行本方立义，同而进，不同而退。

《礼记》

书法　清人书内府本

周蟠虺罍

儒有合志同方營道同術並立
則樂相下不厭久不相見聞流
言不信其行本方立義同而進
不同而退

释文　温良者，仁之本也。敬慎者，仁之地也。宽裕者，仁之作也。孙（逊）接者，仁之能也。礼节者，仁之貌也。言谈者，仁之文也。歌乐者，仁之和也。分散者，仁之施也。

《礼记》

书法　清人书内府本

周冰鑑

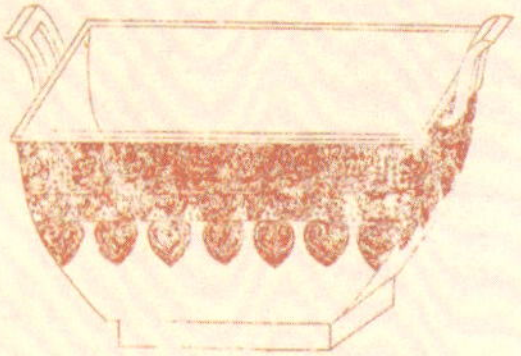

温良者仁之本也敬慎者仁之
地也寬裕者仁之作也孫接者
仁之能也禮節者仁之貌也言
談者仁之文也歌樂者仁之和
也分散者仁之施也

周冰鑑

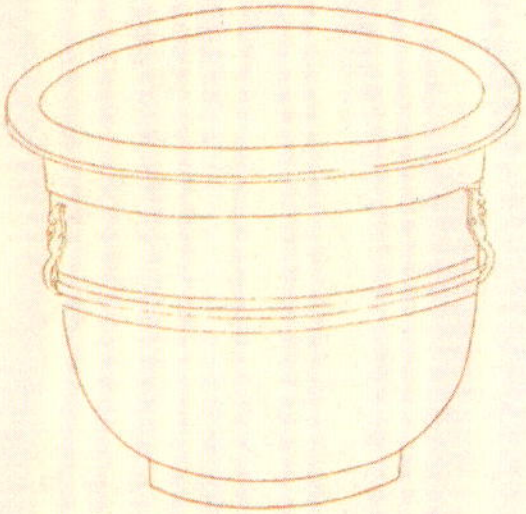

释文　儒有不陨获于贫贱，不充诎于富贵；不慁君王，不累长上，不闵有司。

《礼记》

书法　清人书内府本

儒有不隕穫於貧賤不充詘於富貴不慁君王不累長上不閔有司

释文　尊让、絜、敬也者，君子之所以相接也。君子尊让则不争，絜、敬则不慢。不慢不争，则远于斗、辨矣，不斗、辨，则无暴乱之祸矣。

《礼记》

书法　清人书内府本

周冰鑑

尊讓絜敬也者君子之所以相接也君子尊讓則不爭絜敬則不慢不慢不爭則遠於鬭辨矣不鬭辨則無暴亂之禍矣

元人编《新编对相四言》内页

约在南宋末期，中国出现图文对照的识字读本，《对相识字》是其中之一。元人在《对相识字》基础上又编辑出《新编对相四言》。在《新编对相四言》中，“算盘”一词和一幅九档算盘图相对而列。专家据此认为，算盘进入启蒙读物说明它的普及性，则其发明至少可上推至宋代。

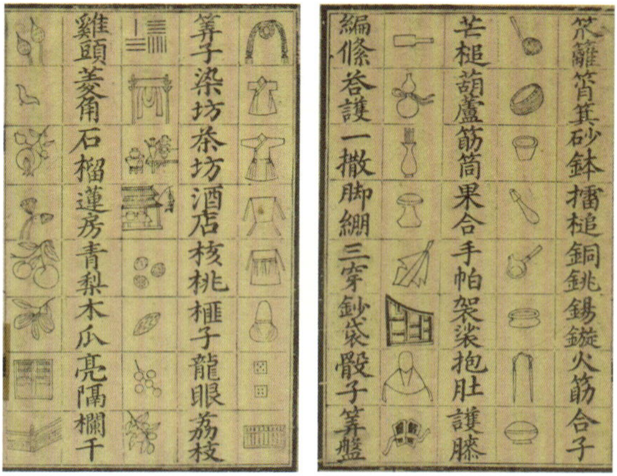

笊籬 筲箕 砂鉢 擂槌 銅銚 錫鏇 火筯 合子
苕槌 葫蘆 筯筒 果合 手帕 袈裟 抱肚 護膝
編條 荅護 一撒 脚綳 三穿 鈔袋 骰子 筭盤

筭子 染坊 茶坊 酒店 核桃 榧子 龍眼 荔枝
雞頭 菱角 石榴 蓮房 青梨 木瓜 亮隔 欄干

[元] 王渊 《花卉册》之竹菊

《诗经》

秋

释文　蟋蟀在堂，岁聿其莫。今我不乐，日月其除。无已太（大）康，职思其居。好乐无荒，良士瞿瞿。

《诗经·国风·唐风·蟋蟀》之一

书法　宋人书《诗经图》本

商父乙尊

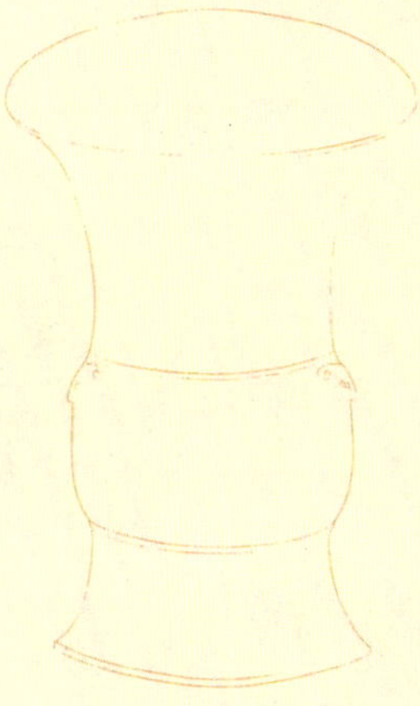

蟋蟀在堂歲聿其莫今我
不樂日月其除無已太康
職思其居好樂無荒良士
瞿瞿

释文　蟋蟀在堂，岁聿其逝。今我不乐，日月其迈。
无已太（大）康，职思其外。好乐无荒，良士蹶蹶。

《诗经·国风·唐风·蟋蟀》之二

书法　宋人书《诗经图》本

商祖丁尊

蟋蟀在堂歲聿其逝今我
不樂日月其邁無已太康
職思其外好樂無荒良士
蹶蹶

释文

蟋蟀在堂，役车其休。今我不乐，日月其慆。无已太（大）康。职思其忧。好乐无荒，良士休休。

《诗经·国风·唐风·蟋蟀》之三

书法　宋人书《诗经图》本

商父丁尊

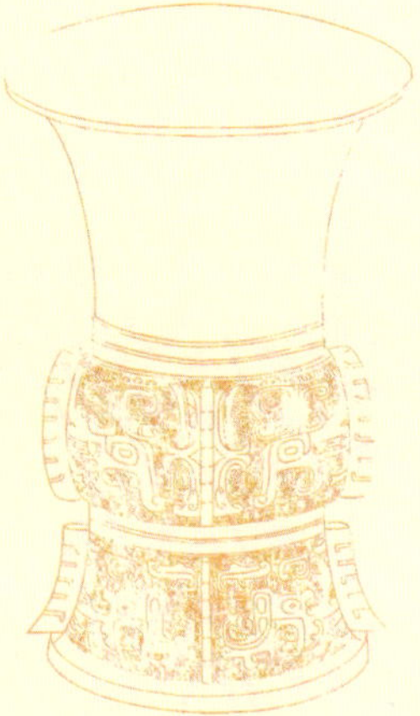

蟋蟀在堂役車其休今我
不樂日月其慆無已太康
職思其憂好樂無荒良士
休休

释文　扬之水，白石凿凿。素衣朱襮，从子于沃。既见君子，云何不乐！

《诗经·国风·唐风·扬之水》之一

书法　宋人书《诗经图》本

周乙公尊

揚之水白石鑿鑿素衣朱
襮從子于沃既見君子云
何不樂

释文　扬之水，白石皓皓。素衣朱绣，从子于鹄。既见君子，云何其忧！

《诗经·国风·唐风·扬之水》之二

书法　宋人书《诗经图》本

周萬壽尊

揚之水白石皓皓素衣朱
繡從子于鵠既見君子云
何其憂

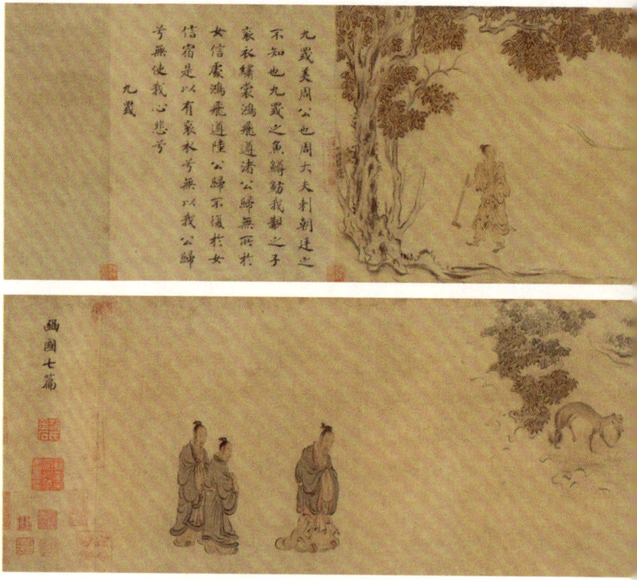

南宋马和之绘《诗经图》之《豳风·七月》卷

所谓“儒家十三经”大体形成于南宋末年，流行于明清两代，影响至今。虽然都是“经”，但是，依照现代文献学分类，“十三经”中有的是文献汇集，有的是历史传记，有的是语录散文，有的是字典辞典。其中，唯一的诗歌集是《诗经》。

这部收集西周初年至春秋中期诗歌的总集在西汉被尊为儒家经典，从《诗》变为《诗经》，位尊“十三经”中核心“五经”（包括《诗》《书》《礼》《易》和《春秋》）之首。但是，由于孔子对“诗教”的强调，在漫长的封建社会中，《诗经》被过度伦理化和政治化解读，伤害了诗歌的本意。随着历代学者的研究，特别是近代以来知识考古

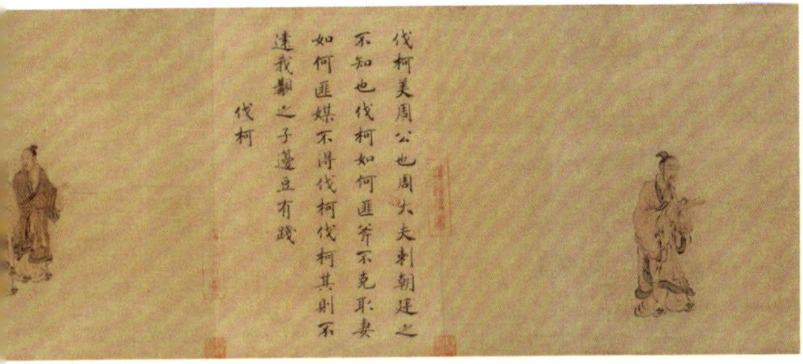

的深入，《诗经》作为文学作品和百科全书的特点被挖掘出来，逐渐恢复了上古四言诗的本来魅力。

东汉至今，为儒家人物和经典配图，代有其作，而《诗经图》最为大宗。其中，南宋宫廷画师马和之奉皇帝之命绘制的《诗经图》系列长卷堪称首领。连续两个跨页展示的即是有幸留存至今的十数卷《诗经图》中完整的一卷。该卷依照《诗经·豳风》中的《七月》诗意而作，共分七段，依次为《七月》《鸱鸮》《东山》《破斧》《伐柯》《九罭》和《狼跋》，每段画前书诗歌原文，连缀成卷，可谓高级“连环画”。

释文　扬之水，白石粼粼。我闻有命，不敢以告人！

《诗经·国风·唐风·扬之水》之三

书法　宋人书《诗经图》本

周父己尊

揚之水白石粼粼我聞有
命不敢以告人

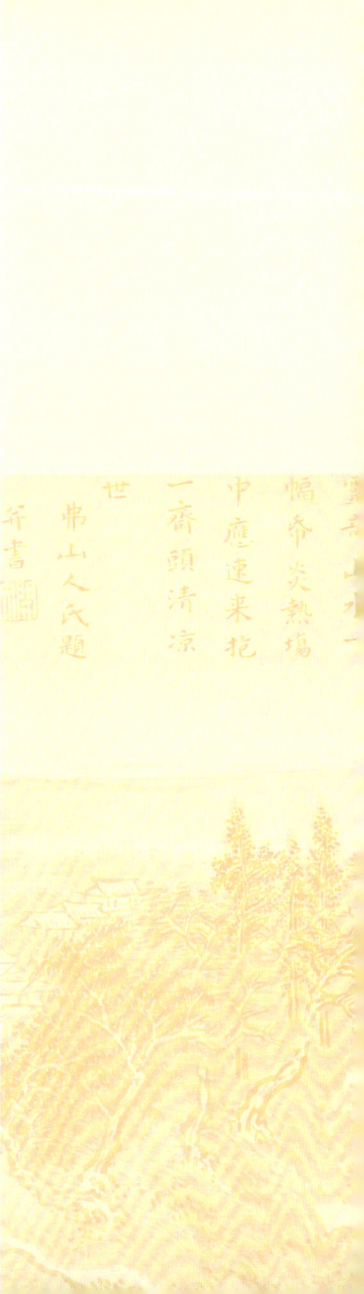

释文　椒聊之实，蕃衍盈升。
彼其之子，硕大无朋。
椒聊且，远条且！

《诗经·国风·唐风·椒聊》之一

书法　宋人书《诗经图》本

周癸公尊

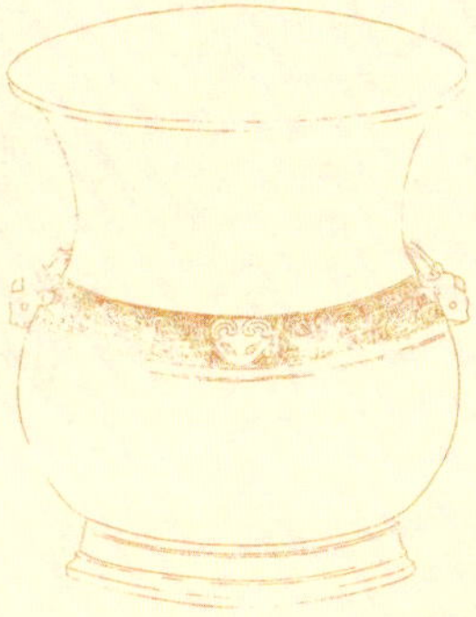

椒聊之實蕃衍盈升彼其
之子碩大無朋椒聊且遠
條且

释文　椒聊之实，蕃衍盈匊。彼其之子，硕大且笃。椒聊且，远条且！

《诗经·国风·唐风·椒聊》之二

书法　宋人书《诗经图》本

周貫尊

椒聊之實蕃衍盈匊彼其
之子碩大且篤椒聊且遠
條且

释文

绸缪束薪，三星在天。
今夕何夕？见此良人。
子兮子兮，如此良人何！

《诗经·国风·唐风·绸缪》之一

书法　宋人书《诗经图》本

周草尊

綢繆束薪三星在天今夕
何夕見此良人子兮子兮
如此良人何

释文

绸缪束刍，三星在隅。
今夕何夕？见此邂逅。
子兮子兮，如此邂逅何！

《诗经·国风·唐风·绸缪》之二

书法　宋人书《诗经图》本

周史尊

綢繆束芻三星在隅今夕
何夕見此邂逅子兮子兮
如此邂逅何

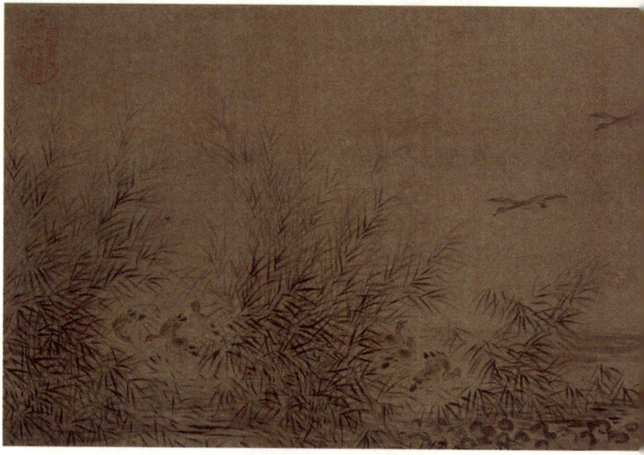

南宋马和之绘《诗经图》局部

马和之所作《诗经图》具有一定程式。它的最小单元由“左图右诗”构成。其中，“诗”的书法传出自宋高宗赵构之手，是典型的米芾体；“图”由马和之完成。本页展示是就是为《小雅·鸿雁之什》组诗中《鸿雁》而作的诗图单元。

对于《鸿雁》的理解，古今不同。按照传统观点，它是美化周宣王使百姓安居劳作的赞歌。而现代学者一般认为，它不过是百姓诅咒徭役的哀歌。作为一位通过科举考试的南宋学子，马和之的理解应该是前者。他画的沼泽芦苇荡中的大雁或飞或栖，都十分安详。

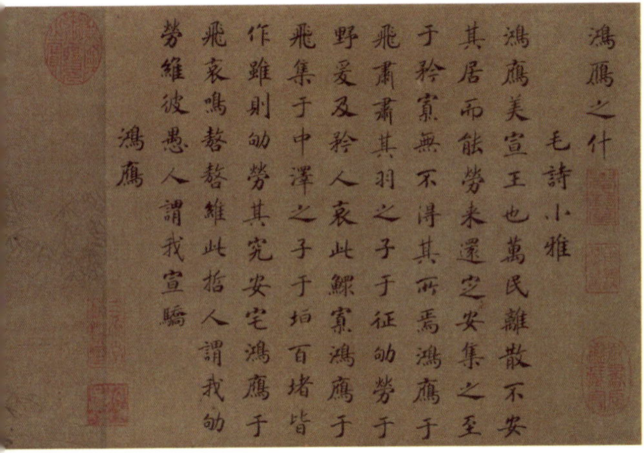
鴻鴈之什 毛詩小雅
鴻鴈美宣王也萬民離散不安
其居而能勞來還定安集之至
于矜寡無不得其所焉鴻鴈于
飛肅肅其羽之子于征劬勞于
野爰及矜人哀此鰥寡鴻鴈于
飛集于中澤之子于垣百堵皆
作雖則劬勞其究安宅鴻鴈于
飛哀鳴嗸嗸維此哲人謂我劬
勞維彼愚人謂我宣驕
鴻鴈

释文

绸缪束楚，三星在户。
今夕何夕？见此粲者。
子兮子兮，如此粲者何！

《诗经·国风·唐风·绸缪》之三

书法　宋人书《诗经图》本

周仲尊

綢繆束楚三星在戶今夕
何夕見此粲者子兮子兮
如此粲者何

释文

有杕之杜，其叶湑湑。独行踽踽。岂无他人？不如我同父。嗟行之人，胡不比焉？人无兄弟，胡不佽焉？

《诗经·国风·唐风·杕杜》之一

书法　宋人书《诗经图》本

周辛尊

有杕之杜其葉湑湑獨行
踽踽豈無他人不如我同
父嗟行之人胡不比焉人
無兄弟胡不佽焉

释文

有杕之杜，其叶菁菁。独行睘睘。岂无他人？不如我同姓。嗟行之人，胡不比焉？人无兄弟，胡不佽焉？

《诗经·国风·唐风·杕杜》之二

书法　宋人书《诗经图》本

周子尊

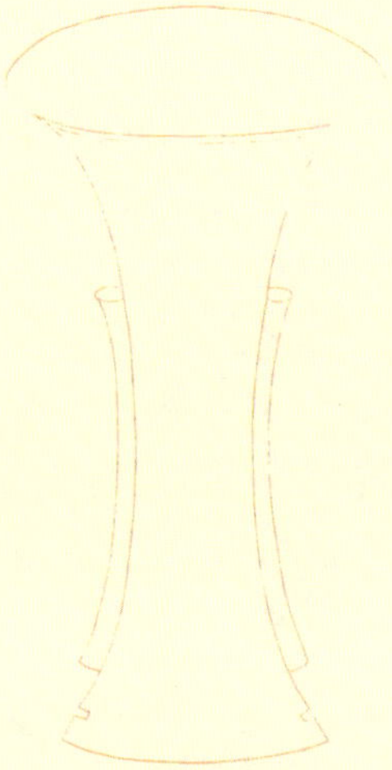

有杕之杜其葉菁菁獨行
睘睘豈無他人不如我同
姓嗟行之人胡不比焉人
無兄弟胡不佽焉

商父乙彝

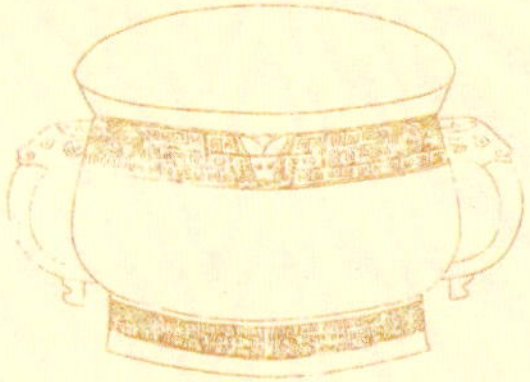

释文

葛生蒙楚，蔹蔓于野。予美亡此，谁与独处。
葛生蒙棘，蔹蔓于域。予美亡此，谁与独息。
角枕粲兮，锦衾烂兮。予美亡此，谁与独旦。

《诗经·国风·唐风·葛生》之一

书法　宋人书《诗经图》本

葛生蒙楚蘞蔓于野予美亡此
誰與獨處葛生蒙棘蘞蔓于域
予美亡此誰與獨息角枕粲兮
錦衾爛兮予美亡此誰與獨旦

释文

夏之日，冬之夜。百岁之后，归于其居。

冬之夜，夏之日。百岁之后，归于其室。

《诗经·国风·唐风·葛生》之二

书法　宋人书《诗经图》本

商祖丁彝

夏之日冬之夜百歲之後
歸于其居冬之夜夏之日
百歲之後歸于其室

南宋马和之绘《诗经图》局部

入选《诗经》的作品主要是为宣扬礼教，即便开篇的《关雎》上来大谈爱情，也是旨在规正夫妇之风。相对而言，《诗经》中的《风》《雅》《颂》三类诗中，《风》最接地气，名句传诵也更多；《雅》中的《小雅》，多用于宴乐演出，内容略轻松；而《大雅》和《颂》则多为配合会朝、祭祀等而作，相对枯燥和深奥。

马和之是宋高宗绍兴年间登第的绘事高才，各种画法皆长，曾在御前画院中列居首席。不过，为不同功用的《诗经》作品配图，又要做到风格统一，的确不是一件容易事。老实说，马和之为表现周宣王早朝生活的《庭燎》的配图并无太大特色。

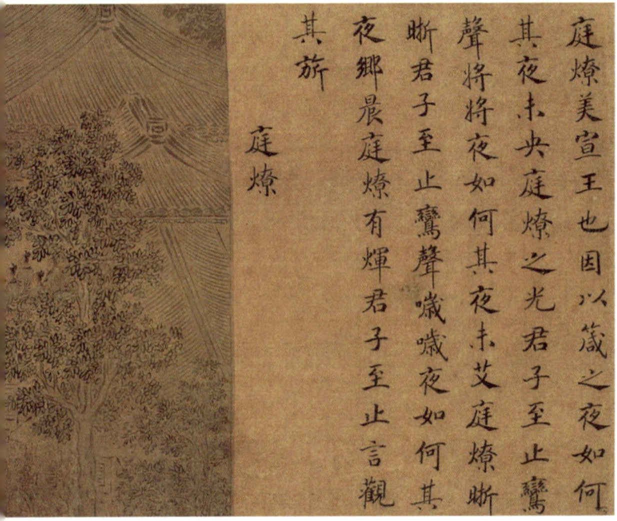
庭燎美宣王也因以箴之夜如何
其夜未央庭燎之光君子至止鸞
聲将将夜如何其夜未艾庭燎晣
晣君子至止鸞聲噦噦夜如何其
夜鄉晨庭燎有煇君子至止言觀
其旂
庭燎

释文

七月流火，九月授衣。一之日觱发，二之日栗烈。无衣无褐，何以卒岁？三之日于耜，四之日举趾。同我妇子，馌彼南亩。田畯至喜。

《诗经·国风·豳风·七月》之一

书法　宋人书《诗经图》本

商若癸方彝

七月流火九月授衣一之日觱
發二之日栗烈無衣無褐何以
卒歲三之日于耜四之日舉趾
同我婦子饁彼南畝田畯至喜

释文　七月流火，九月授衣。春日载阳，有鸣仓庚。女执懿筐，遵彼微行，爰求柔桑。春日迟迟，采蘩祁祁。女心伤悲，殆及公子同归。

《诗经·国风·豳风·七月》之二

书法　宋人书《诗经图》本

周名夫方彝

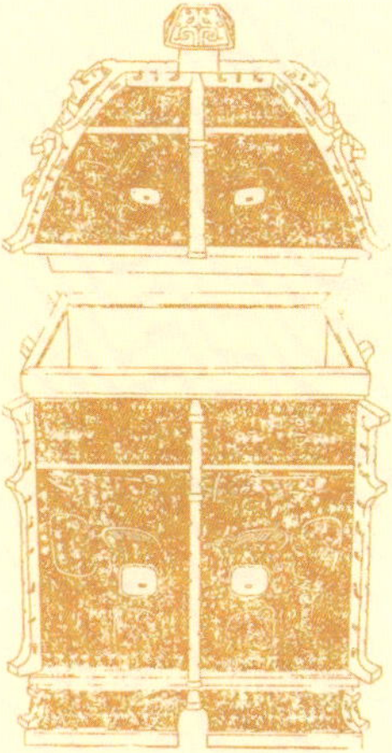

七月流火九月授衣春日載陽
有鳴倉庚女執懿筐遵彼微行
爰求柔桑春日遲遲采蘩祁祁
女心傷悲殆及公子同歸

释文　七月流火，八月萑苇。蚕月条桑，取彼斧斨。以伐远扬，猗彼女桑。七月鸣鵙，八月载绩。载玄载黄，我朱孔阳，为公子裳。

《诗经·国风·豳风·七月》之三

书法　宋人书《诗经图》本

周亞彝

七月流火八月萑葦蠶月條桑
取彼斧斨以伐遠揚猗彼女桑
七月鳴鵙八月載績載玄載黃
我朱孔陽為公子裳

释文

四月秀葽，五月鸣蜩。八月其获，十月陨萚。
一之日于貉，取彼狐狸，为公子裘。
二之日其同，载缵武功。言私其豵，献豜于公。

《诗经·国风·豳风·七月》之四

书法　宋人书《诗经图》本

周饕餮彝

四月秀葽五月鳴蜩八月其穫
十月隕蘀一之日于貉取彼狐
貍為公子裘二之日其同載纘
武功言私其豵獻豜于公

释文　五月斯螽动股，六月莎鸡振羽，七月在野，八月在宇，九月在户，十月蟋蟀入我床下。穹窒熏鼠，塞向墐户。嗟我妇子，曰为改岁，入此室处。

《诗经·国风·豳风·七月》之五

书法　宋人书《诗经图》本

周亞方彝

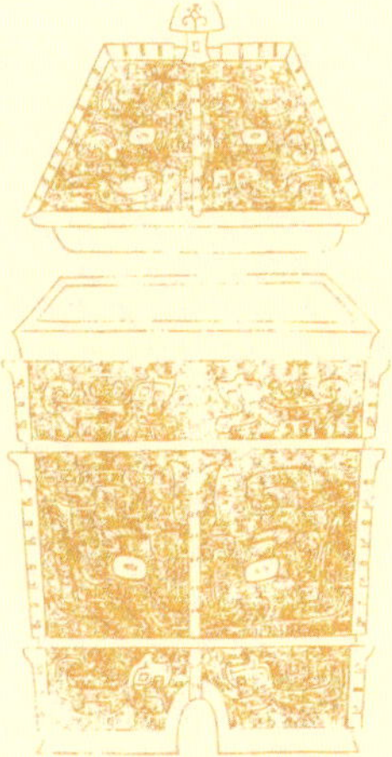

五月斯螽動股六月莎雞振羽
七月在野八月在宇九月在戶
十月蟋蟀入我林下穹窒熏鼠
塞向墐戶嗟我婦子曰為改歲
入此室處

（传）元王振鹏绘《豳风图卷》局部

中国古诗中多为抒情诗，少有叙事诗，叙事长诗更为罕见。《诗经》在《国风·豳风》中辑入的《七月》是一首长达八节的叙事长诗，是《国风》中最长的诗篇。它记录了周代早期一年四季的农业劳动，语言朴实无华，细节真实动人，为重视农业的中国上下所宝。一般学者认为，《七月》是周公为告诫年幼的周成王稼穑艰难而作。有的现代学者则认为，这首以夏历纪年的古诗来源甚早，极有可能产生于周之先民原始部落时期。

此卷旧题为元代画家王振鹏绘，但从风格看大体为16世纪后苏州画匠的托名之作，反映了明代人对于《七月》的想象和理解。

释文　六月食郁及薁，七月亨葵及菽。

八月剥枣，十月获稻。为此春酒，以介眉寿。

七月食瓜，八月断壶，九月叔苴，采荼薪樗，食我农夫。

《诗经·国风·豳风·七月》之六

书法　宋人书《诗经图》本

周夔鳳彝

六月食鬱及薁七月亨葵及菽

八月剥棗十月穫稻為此春酒

以介眉壽七月食瓜八月斷壺

九月叔苴采荼薪樗食我農夫

释文　九月筑场圃，十月纳禾稼。黍稷重穋，禾麻菽麦。嗟我农夫，我稼既同，上入执宫功。

《诗经·国风·豳风·七月》之七

书法　宋人书《诗经图》本

周鳳彝

九月築場圃十月納禾稼黍稷
重穋禾麻菽麥嗟我農夫我稼
既同上入執宮功

释文　昼尔于茅，宵尔索绹，亟其乘屋，其始播百谷。

《诗经·国风·豳风·七月》之七

书法　宋人书《诗经图》本

周素彝

晝爾于茅宵爾索綯亟其乘屋
其始播百穀

释文　二之日凿冰冲冲，三之日纳于凌阴，四之日其蚤，献羔祭韭。九月肃霜，十月涤场。朋酒斯飨，曰杀羔羊。跻彼公堂，称彼兕觥，万寿无疆！

《诗经·国风·豳风·七月》之八

书法　宋人书《诗经图》本

周舉彝

二之日鑿冰沖沖三之日納于
凌陰四之日其蚤獻羔祭韭九
月肅霜十月滌場朋酒斯饗曰
殺羔羊躋彼公堂稱彼兕觥萬
壽無疆

释文　呦呦鹿鸣，食野之苹。我有嘉宾，鼓瑟吹笙。吹笙鼓簧，承筐是将。人之好我，示我周行。

《诗经·小雅·鹿鸣之什·鹿鸣》之一

书法　宋人书《诗经图》本

周夔鳳卣

呦呦鹿鳴食野之苹我有
嘉賓鼓瑟吹笙吹笙鼓簧
承筐是將人之好我示我
周行

明董其昌书匾额墨迹卷

经典之所以成为经典的一个标志就是其构成元素自然而然地融入日常生活，像空气一样存在。

明代书画家董其昌不知为谁题写了“九如楼”匾额，墨迹留存至今。“九如”，出自《诗·小雅·鹿鸣之什·天保》：“如山如阜，如冈如陵。如川之方至，以莫不增。……如月之恒，如日之升。如南山之寿，不骞不崩。如松柏之茂，无不尔或承。”此篇原为祝颂君主兴旺发达，因连用九个“如”字，并有“如南山之寿”之语，后世常以“九如”作为祝寿之词。因此，“九如楼”的潜台词就是希望楼阁长久巩固，寓典其中，儒雅气派。

九
石

周舟彝

释文　呦呦鹿鸣，食野之蒿。我有嘉宾，德音孔昭。视民不恌，君子是则是傚。我有旨酒，嘉宾式燕以敖。

《诗经·小雅·鹿鸣之什·鹿鸣》之二

书法　宋人书《诗经图》本

呦呦鹿鳴食野之蒿我有
嘉賓德音孔昭視民不恌
君子是則是傚我有旨酒
嘉賓式燕以敖

释文　呦呦鹿鸣，食野之芩。我有嘉宾，鼓瑟鼓琴。
鼓瑟鼓琴，和乐且湛。我有旨酒，以燕乐嘉宾之心。

《诗经·小雅·鹿鸣之什·鹿鸣》之三

书法　宋人书《诗经图》本

周史彝

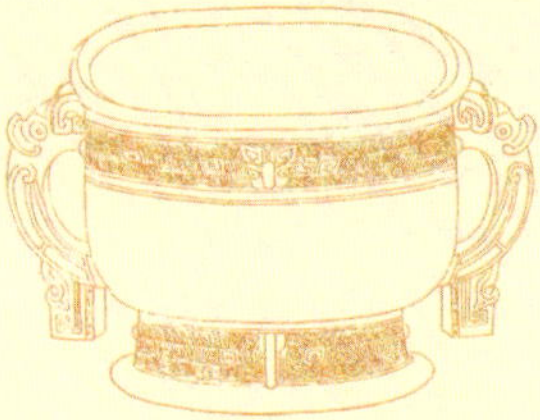

呦呦鹿鳴食野之芩我有
嘉賓鼓瑟鼓琴鼓瑟鼓琴
和樂且湛我有旨酒以燕
樂嘉賓之心

周立戈彝

释文

常棣之华，鄂不韡韡。凡今之人，莫如兄弟。

死丧之威，兄弟孔怀。原隰裒矣，兄弟求矣。

《诗经·小雅·鹿鸣之什·常棣》之一

书法　宋人书《诗经图》本

常棣之華鄂不韡韡凡今
之人莫如兄弟死喪之威
兄弟孔懷原隰裒矣兄弟
求矣

《诗经·小雅·鹿鸣之什·常棣》之二

释文

脊令在原，兄弟急难。每有良朋，况也永叹。
兄弟阋于墙，外御其务。每有良朋，烝也无戎。
丧乱既平，既安且宁。虽有兄弟，不如友生。

书法　宋人书《诗经图》本

周持弓彝

脊令在原兄弟急難每有良朋
況也永嘆兄弟鬩于牆外禦其
務每有良朋烝也無戎喪亂既
平既安且寧雖有兄弟不如友生

商父丁卣

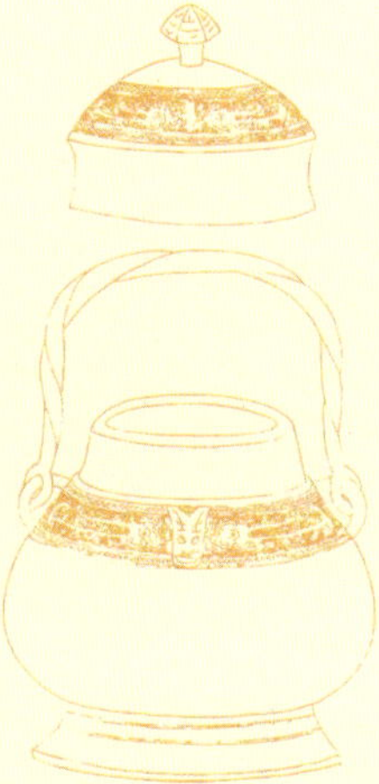

释文

傧尔笾豆，饮酒之饫。兄弟既具，和乐且孺。
妻子好合，如鼓瑟琴。兄弟既翕，和乐且湛。
宜尔室家，乐尔妻帑。是究是图，亶其然乎！

《诗经·小雅·鹿鸣之什·常棣》之三

书法　宋人书《诗经图》本

儐爾籩豆飲酒之飫兄弟既具
和樂且孺妻子好合如鼓瑟琴
兄弟既翕和樂且湛宜爾家室
樂爾妻帑是究是圖亶其然乎

清乾隆书《诗经》拓片局部

清高宗弘历——乾隆帝好收集马和之版《诗经图》，还花了长达6年的时间与内府画工合作完成《御笔诗经全图书画合璧》，皇皇30册。不仅如此，他还多次书写《诗经》，以宣传儒家思想。《敬胜斋法帖》是乾隆在世时宫廷刊刻的一部大型丛帖，萃集乾隆中青年时期的书法精品，其中便有《诗经》片断。

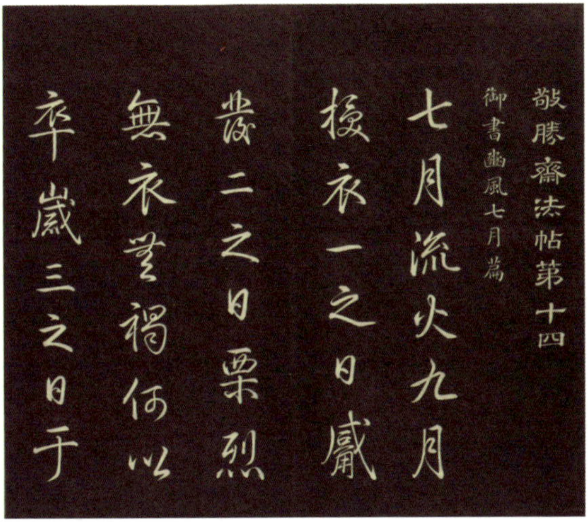
敬勝齋法帖第十四
御書豳風七月篇
七月流火九月
授衣一之日觱
發二之日栗烈
無衣無褐何以
卒歲三之日于

释文

伐木丁丁，鸟鸣嘤嘤。出自幽谷，迁于乔木。嘤其鸣矣，求其友声。相彼鸟矣，犹求友声。矧伊人矣，不求友生。神之听之，终和且平。

《诗经·小雅·鹿鸣之什·伐木》之一

书法　宋人书《诗经图》本

商父丁卣

伐木丁丁鳥鳴嚶嚶出自幽谷
遷于喬木嚶其鳴矣求其友聲
相彼鳥矣猶求友聲矧伊人矣
不求友生神之聽之終和且平

《诗经·小雅·鹿鸣之什·伐木》之二

释文

伐木许许，酾酒有藇。既有肥羜，以速诸父。
宁适不来，微我弗顾？於粲洒扫，陈馈八簋。
既有肥牡，以速诸舅。宁适不来，微我有咎。

书法　宋人书《诗经图》本

商父丁卣

伐木許許釃酒有藇既有肥羜
以速諸父寧適不来微我弗顧
於粲洒埽陳饋八簋既有肥牡
以速諸舅寧適不来微我有咎

释文

伐木于阪，酾酒有衍。笾豆有践，兄弟无远。
民之失德，乾餱以愆。有酒湑我，无酒酤我。
坎坎鼓我，蹲蹲舞我。迨我暇矣，饮此湑矣。

《诗经·小雅·鹿鸣之什·伐木》之三

书法　宋人书《诗经图》本

周伯敔卣

伐木于阪釃酒有衍籩豆有踐
兄弟無遠民之失德乾餱以愆
有酒湑我無酒酤我坎坎鼓我
蹲蹲舞我迨我暇矣飲此湑矣

释文

采薇采薇，薇亦作止。曰归曰归，岁亦莫止。
靡室靡家，玁狁之故。不遑启居，玁狁之故。

《诗经·小雅·鹿鸣之什·采薇》之一

书法　宋人书《诗经图》本

商祖已卣

采薇采薇薇亦作止曰歸
曰歸歲亦莫止靡室靡家
玁狁之故不遑啓居玁狁
之故

周伯魚卣

释文

采薇采薇，薇亦柔止。曰归曰归，心亦忧止。忧心烈烈，载饥载渴。我戍未定，靡使归聘。

《诗经·小雅·鹿鸣之什·采薇》之二

书法　宋人书《诗经图》本

采薇采薇薇亦柔止曰歸
曰歸心亦憂止憂心烈烈
載飢載渴我戍未定靡使
歸聘

清袁嘉谷编《诗经古谱》内页

现代学者一般认为，在孔子之前，《诗经》的歌词和配乐已经定型，孔子所做的主要是整理和推广工作。秦汉之后重意旨而忽视音乐旋律，致使《诗经》曲谱逐渐散佚失传。唐代至清代的音乐家通过拟创作的方式试图恢复《诗经》乐谱。在此基础上，19 世纪清代学者陈澧编辑而成《诗经今俗字谱》，共计 33 篇，可谓《诗经》乐谱集大成之作。

为将《诗经今俗字谱》成果通俗化，时任大清学部图书编译局教科书主事袁嘉谷请音乐家将古代“工尺谱”改为“五线谱”和“简谱”，结集为《诗经古谱》。《诗经古谱》于光绪三十四年（1908 年）二月由大清学部图书局以传入我国不久的石印印刷术出版，作为课本在学校普及，正是清末洋务派倡导的“中学为体，西学为用”的范例。

C調 4/4拍 鹿鳴
呦呦鹿鳴 食野之苓 我有嘉賓
鼓瑟鼓琴 鼓瑟鼓琴 和樂且湛 我有旨酒
以燕樂嘉 賓之心
C調 4/4拍 鹿鳴
呦呦鹿鳴 食野之蒿 我有嘉賓
德音孔昭 視民不恌 君子是則 是傚我有
旨酒嘉賓 式燕以敖

周素觶十

释文　采薇采薇，薇亦刚止。曰归曰归，岁亦阳止。王事靡盬，不遑启处。忧心孔疚，我行不来。

《诗经·小雅·鹿鸣之什·采薇》之三

书法　宋人书《诗经图》本

采薇采薇薇亦剛止曰歸
曰歸歲亦陽止王事靡盬
不遑啓處憂心孔疚我行
不来

周魚卣

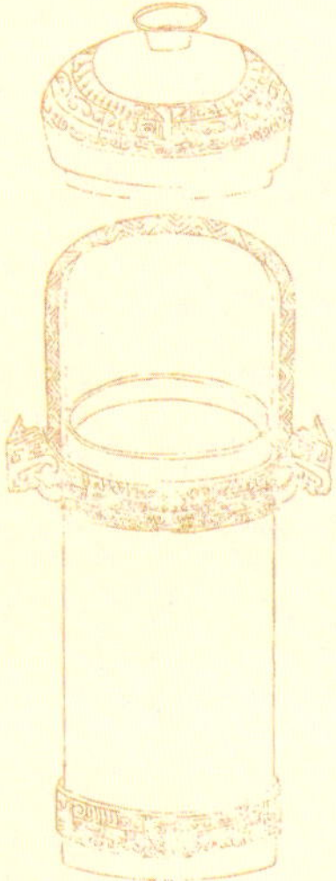

释文　彼尔维何？维常之华。彼路斯何？君子之车。戎车既驾，四牡业业。岂敢定居，一月三捷。

《诗经·小雅·鹿鸣之什·采薇》之四

书法　宋人书《诗经图》本

彼爾維何維常之華彼路
斯何君子之車戎車既駕
四牡業業豈敢定居一月
三捷

《诗经·小雅·鹿鸣之什·采薇》之五

释文　驾彼四牡，四牡骙骙。君子所依，小人所腓。四牡翼翼，象弭鱼服。岂不日戒，玁狁孔棘。

书法　宋人书《诗经图》本

周繩梁卣

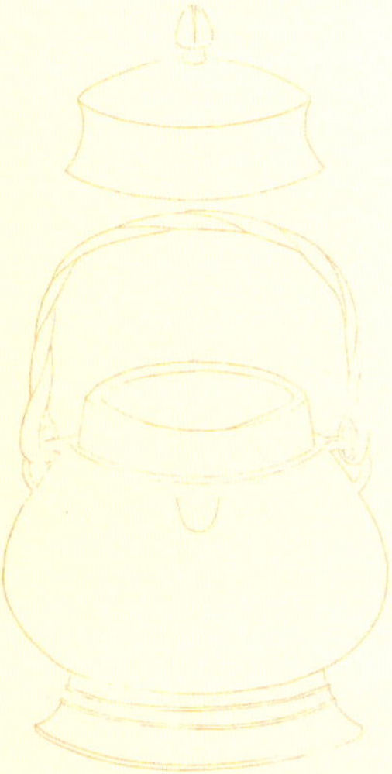

駕彼四牡四牡騤騤君子所依小人所腓四牡翼翼象弭魚服豈不日戒玁狁孔棘

释文　昔我往矣，杨柳依依。今我来思，雨雪霏霏。
行道迟迟，载渴载饥。我心伤悲，莫知我哀。

《诗经·小雅·鹿鸣之什·采薇》之六

书法　宋人书《诗经图》本

周伯矩卣

昔我往矣楊柳依依今我
来思雨雪霏霏行道遲遲
載渴載飢我心傷悲莫知
我哀

《诗经·小雅·白华之什·鱼丽》之一

释文

鱼丽于罶，鲿鲨。君子有酒，旨且多。

鱼丽于罶，鲂鳢。君子有酒，多且旨。

鱼丽于罶，鰋鲤。君子有酒，旨且有。

书法　宋人书《诗经图》本

周仲阜卣

魚麗于罶鱨鯊君子有酒
旨且多魚麗于罶魴鱧君
子有酒多且旨魚麗于罶
鰋鯉君子有酒旨且有

明毛晋编撰《毛诗草木鸟兽虫鱼疏广要》内页

《诗经》语言简古，内容博杂，再加上诗无达诂，从孔子所处的春秋时代开始便有人对它进行解释。西汉时，流传有四种解释《诗经》的著作，其中一种由鲁国毛亨和赵国毛苌辑注的《诗》（简称《毛诗》）经过东汉经学家郑玄的再注而流行起来。今本《诗经》即由《毛诗》而来。

尽管如此，《诗经》还是以难读著称。三国时吴人陆玑针对《诗经》所涉的动植物名称进行训释而撰作的《毛诗草木鸟兽虫鱼疏》，是中国古代较早从博物学角度解读《诗经》的著作。全书共记载《诗经》中出现的各类动植物 170 余种，每种不仅记其名称，而且描述其形状、生态和使用价值。受其影响，后世对《诗经》名物的研究蔚为大观，形成了专门的“诗经名物学”。明末藏书家毛晋编撰的《毛诗草木鸟兽虫鱼疏广要》是以陆著为基础增补之作。此内页便出自毛氏汲古阁刊津逮秘书本《毛诗草木鸟兽虫鱼疏广要》。

毛詩草木鳥獸蟲魚疏廣要卷上之上

唐　吳郡陸璣元恪　撰
明　海隅毛晉子晉　參

方秉蕑兮

蕑即蘭香草也春秋傳曰刈蘭而卒楚辭云紉秋蘭以爲佩孔子曰蘭當爲王者香草皆是也其莖葉似藥草澤蘭但廣而長節節中赤高四五尺漢諸池苑及許昌宮中皆種之可著粉中故天子賜諸侯茝蘭藏衣著書中辟白魚

释文　物其多矣，维其嘉矣。物其旨矣，维其偕矣。
物其有矣，维其时矣。

《诗经·小雅·白华之什·鱼丽》之二

书法　宋人书《诗经图》本

周夔鳳卣

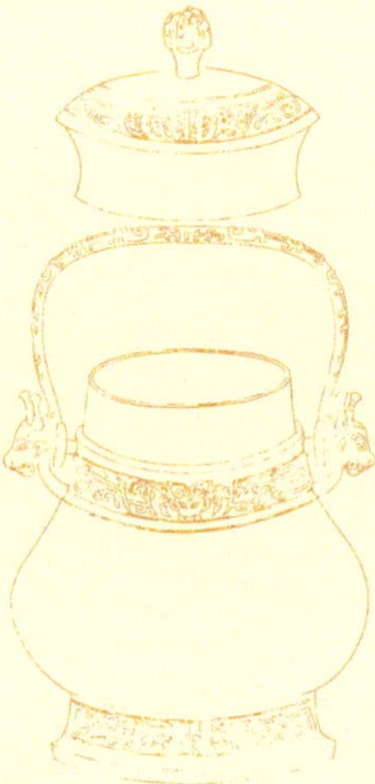

物其多矣維其嘉矣物其
旨矣維其偕矣物其有矣
維其時矣

释文　南有嘉鱼，烝然罩罩。君子有酒，嘉宾式燕以乐。
南有嘉鱼，烝然汕汕。君子有酒，嘉宾式燕以衎。

《诗经·小雅·白华之什·南有嘉鱼》之一

书法　宋人书《诗经图》本

周素梁卣

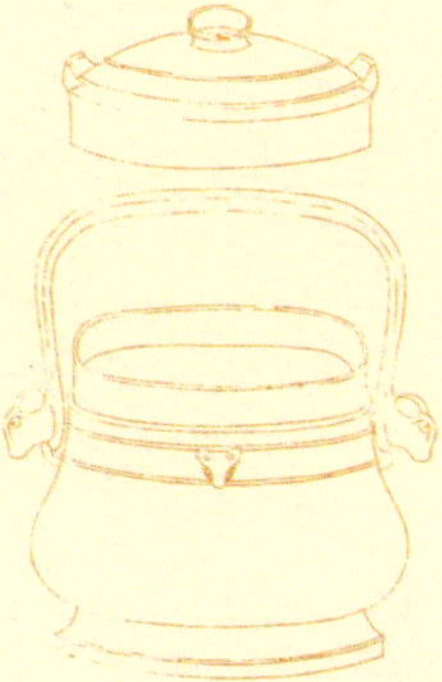

南有嘉魚烝然罩罩君子
有酒嘉賓式燕以樂南有
嘉魚烝然汕汕君子有酒
嘉賓式燕以衎

周風紋卣

释文　南有樛木，甘瓠累之。君子有酒，嘉宾式燕绥之。
翩翩者鵻，烝然来思。君子有酒，嘉宾式燕又思。

《诗经·小雅·白华之什·南有嘉鱼》之二

书法　宋人书《诗经图》本

南有樛木甘瓠纍之君子有酒嘉賓式燕綏之翩翩者騅烝然来思君子有酒嘉賓式燕又思

释文

南山有台，北山有莱。乐只君子，邦家之基。
乐只君子，万寿无期。南山有桑，北山有杨。
乐只君子，邦家之光。乐只君子，万寿无疆。

《诗经·小雅·白华之什·南山有台》之一

书法　宋人书《诗经图》本

周雷紋卣

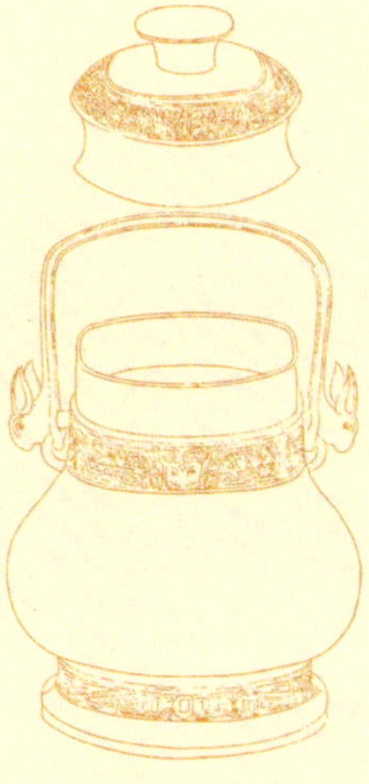

南山有臺北山有萊樂只君子
邦家之基樂只君子萬壽無期
南山有桑北山有楊樂只君子
邦家之光樂只君子萬壽無疆

《诗经·小雅·白华之什·南山有台》之二

释文　南山有杞，北山有李。乐只君子，民之父母。乐只君子，德音不已。

书法　宋人书《诗经图》本

商父甲觚

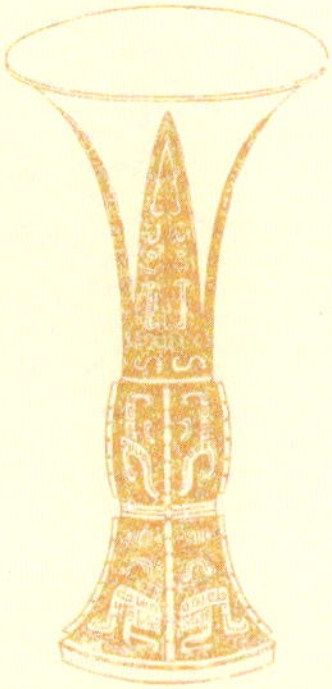

南山有杞北山有李樂只
君子民之父母樂只君子
德音不已

清徐鼎辑《毛诗名物图说》内页

无论是陆玑的《毛诗草木鸟兽虫鱼疏》还是毛晋的《毛诗草木鸟兽虫鱼疏广要》都有一个缺点，只有文字解说，没有实物对照。而生活于乾隆时期的清代学者徐鼎历时 20 年撰作的《毛诗名物图说》解决了这个问题，为图文式诗经名物著作的开山之作。全书共六个部类，分为九卷，包括鸟、兽、虫、鱼各一卷，草三卷，木两卷。图文对照是《毛诗名物图说》的最大特点，全书共有 295 幅名物图。在版式上，每页图上论下，一目了然。此内页出自清乾隆三十六年（1771 年）刊《毛诗名物图说》。

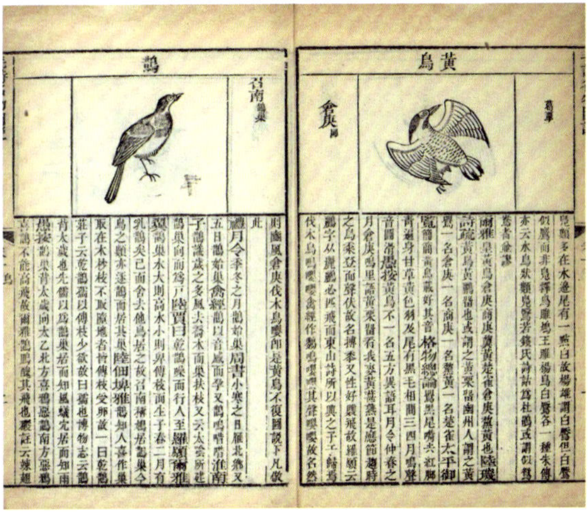

黃鳥

葛覃

倉庚 爾

皃頰多在水邊尾有一點白故揚雄謂白鷺但白鷺
似鷹而非皃擇鳥雎鳩王雎楊鳥白鷺各一種朱傳
亦云水鳥狀類鳧鷖若錢氏詩詁爲杜鵑或謂似鵝
鶩者爲謬

爾雅皇黃鳥倉庚商庚鶩黃楚雀倉庚鶩黃也陸璣詩疏黃鳥黃鸝留也或謂之黃栗留幽州人謂之黃鸎一名倉庚一名商庚一名鶩黃一名楚雀太平御覽禽經商庚鳥識好其音格物總論鸎黑尾觜尖紅脚青觜身甘草黃色羽及尾有黑毛相間三四月鳴聲音圓滑愚按黃鳥不一名五方異語耳月令仲春之月倉庚鳴里語黃栗留看我麥黃葚熟是應節趨時之鳥乘丕而鳴伏故名搏黍又性好雙飛故羅願云鸝字从麗鸝必匹飛而東山詩所以興之子于歸焉伐木鳥鳴嚶嚶禽經作鸚鳴嚶嚶其聲嚶嚶故名然則豳風倉庚伐木鳥嚶即是黃鳥不復圖說下凡倣此

鵲

召南 鵲巢

禮月令季冬之月鵲始巢周書小寒之日雁北鄉又五日鵲始巢禽經鵲以音感而孕又鵲鳴唶唶淮南子鵲識歲之多風去喬木而巢扶枝又云太歲所在鵲巢向而爲戶陸賈曰乾鵲噪而行人至羅願爾雅翼鵲巢木大則高木小則卑傳枝而生子春二月有乳鵲矣已而舍去他鳥居之故召南稱鳩居鵲巢今鳥之類亦遂鵲而居其巢陸佃埤雅鵲知人喜作巢取在木杪枝不取墮地者皆傳枝受卵故一曰乾鵲莊子云乾鵲孺以傳枝少欲故曰孺也博物志云鵲背太歲也先儒以爲鵲巢居而知風蟻穴居而知雨愚按鵲巢背太歲向太乙北方喜鵲惡鵲南方惡鵲喜鵲不能高飛故爾雅鵲鵙醜其飛也翪註云竦翅

《诗经·小雅·白华之什·南山有台》之三

释文　南山有栲，北山有杻。乐只君子，遐不眉寿。乐只君子，德音是茂。南山有枸，北山有楰。乐只君子，遐不黄耇。乐只君子，保艾尔后。

书法　宋人书《诗经图》本

商父已觚

南山有栲北山有杻樂只君子
遐不眉壽樂只君子德音是茂
南山有枸北山有楰樂只君子
遐不黃耇樂只君子保艾爾後

释文　蓼彼萧斯，零露湑兮。既见君子，我心写兮。
燕笑语兮，是以有誉处兮。
蓼彼萧斯，零露瀼瀼。既见君子，为龙为光。
其德不爽，寿考不忘。

《诗经·小雅·白华之什·蓼萧》之一

书法　宋人书《诗经图》本

商父乙觚

蓼彼蕭斯零露湑兮既見君子
我心寫兮燕笑語兮是以有譽
處兮蓼彼蕭斯零露瀼瀼既見
君子為龍為光其德不爽壽考
不忘

释文　蓼彼萧斯，零露泥泥。既见君子，孔燕岂（恺）弟（悌）。宜兄宜弟，令德寿岂。

蓼彼萧斯，零露浓浓。既见君子，鞗革忡忡。和鸾雍雍，万福攸同。

《诗经·小雅·白华之什·蓼萧》之二

书法　宋人书《诗经图》本

商祖辛觚

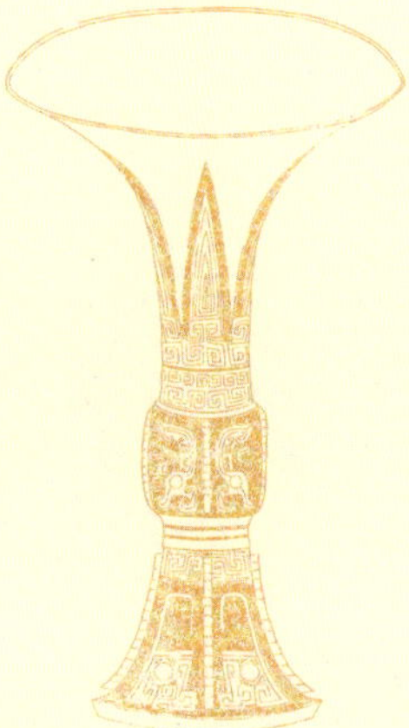

蓼彼蕭斯零露泥泥既見君子
孔燕豈弟宜兄宜弟令德壽豈
蓼彼蕭斯零露濃濃既見君子
鞗革忡忡和鸞雝雝萬福攸同

释文　湛湛露斯，匪阳不晞。厌厌夜饮，不醉无归。
湛湛露斯，在彼丰草。厌厌夜饮，在宗载考。

《诗经·小雅·白华之什·湛露》之一

书法　宋人书《诗经图》本

商癸觚

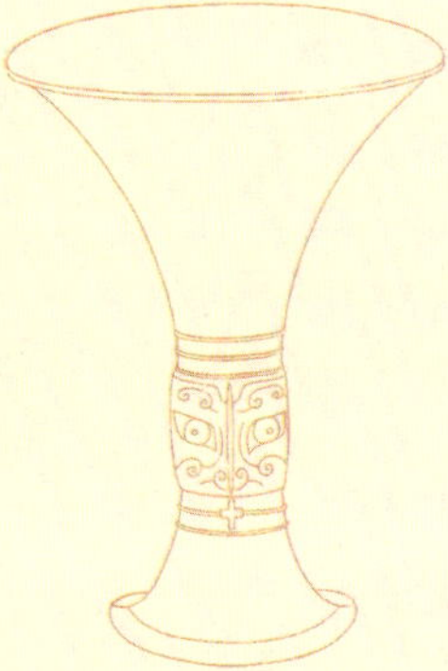

湛湛露斯匪陽不晞厭厭
夜飲不醉無歸湛湛露斯
在彼豐草厭厭夜飲在宗
載考

释文　湛湛露斯，在彼杞棘。显允君子，莫不令德。
其桐其椅，其实离离。
岂（恺）弟（悌）君子，莫不令仪。

《诗经·小雅·白华之什·湛露》之二

书法　宋人书《诗经图》本

周孫觚

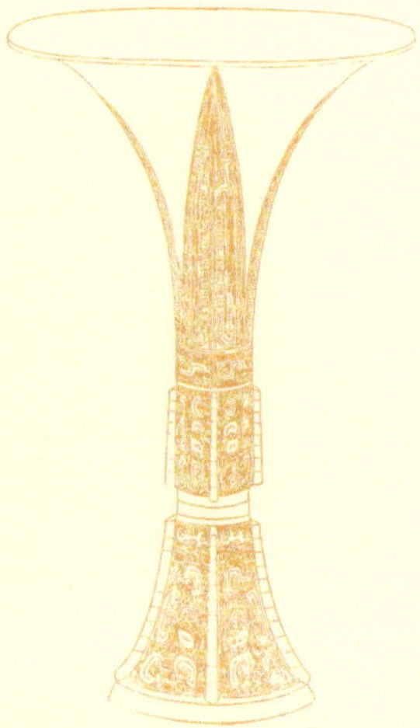

湛湛露斯在彼杞棘顯允
君子莫不令德其桐其椅
其實離離豈弟君子莫不
令儀

日本冈元凤纂辑、橘国雄绘画《毛诗品物图考》内页

据统计，《诗经》中有337种动植物，其中鸟类43种，兽40种，草37种，木43种，虫37种，鱼16种，谷类24种，蔬菜38种，花果15种，药物17种，马27种。对这些动植物的研究构成“诗经名物学”。

《毛诗名物图说》在18世纪中期的出版标志着“诗经名物学”的诞生。“诗经名物学”不仅普及中土，也传至日本。由冈元凤纂辑、橘国雄绘画的《毛诗品物图考》是18世纪后期日本汉学家对《诗经》中动植物图释的重要研究成果。全书共七卷，分为草、木、鸟、兽、虫、鱼6个部类。在版式上，此书以200余幅名物的白描插图为主体，解说文字错落其间。此书还在细审各类文献的基础上，揭示出前人注释的缺误。此页出自日本天明五年（1785年）刊《毛诗品物图考》。

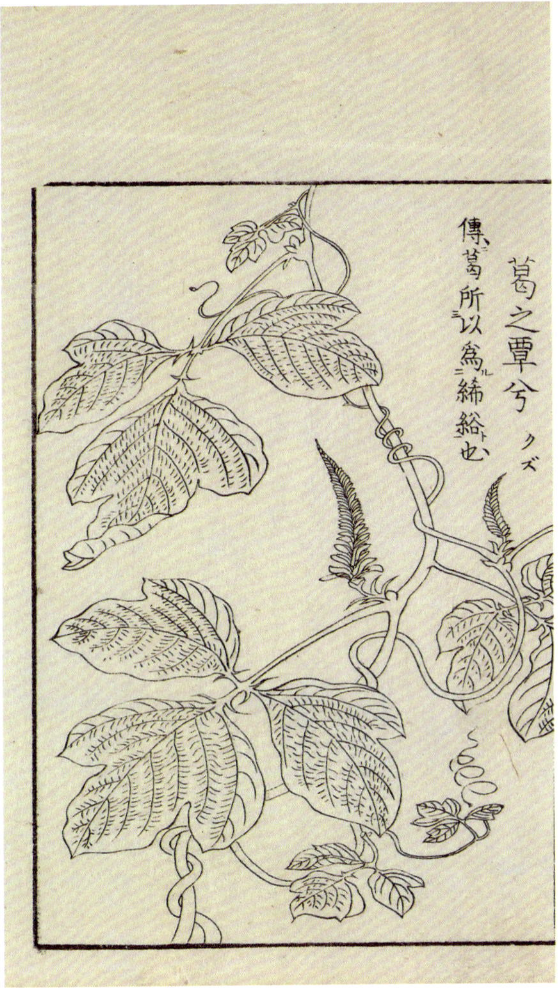
葛之覃兮 クズ
傳、葛所以爲絺綌也

释文　菁菁者莪，在彼中阿。既见君子，乐且有仪。
菁菁者莪，在彼中沚。既见君子，我心则喜。

《诗经·小雅·彤弓之什·菁菁者莪》之一

书法　宋人书《诗经图》本

周睪觚

菁菁者莪在彼中阿既見
君子樂且有儀菁菁者莪
在彼中沚既見君子我心
則喜

释文　菁菁者莪，在彼中陵。既见君子，锡（赐）我百朋。
泛泛杨舟，载沉载浮。既见君子，我心则休。

《诗经·小雅·彤弓之什·菁菁者莪》之二

书法　宋人书《诗经图》本

周象形觚

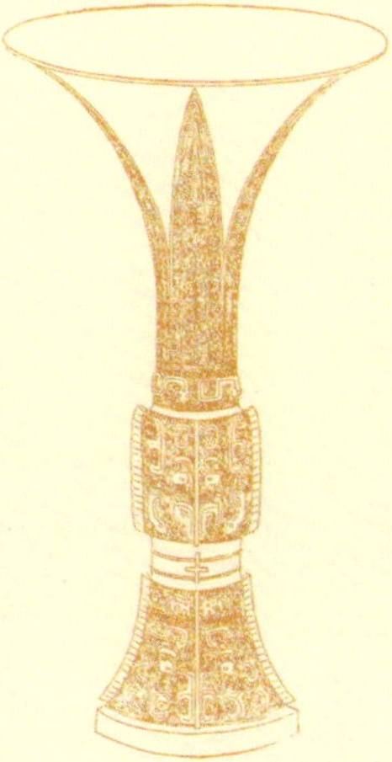

菁菁者莪在彼中陵既見
君子錫我百朋汎汎楊舟
載沉載浮既見君子我心
則休

《诗经·小雅·小旻之什·小宛》之一

释文

宛彼鸣鸠，翰飞戾天。
我心忧伤，念昔先人。
明发不寐，有怀二人。

书法　宋人书《诗经图》本

周犧觚

宛彼鳴鳩翰飛戾天我心
憂傷念昔先人明發不寐
有懷二人

《诗经·小雅·小旻之什·小宛》之二

释文

人之齐圣，饮酒温克。
彼昏不知，壹醉日富。
各敬尔仪，天命不又。

书法　宋人书《诗经图》本

周亞觚

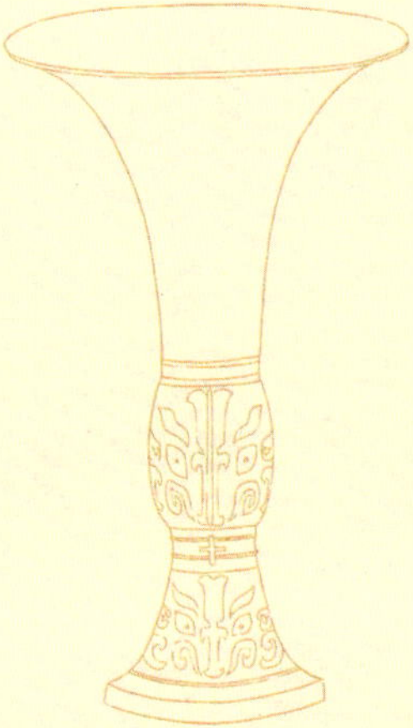

人之齊聖飲酒溫克彼昏
不知壹醉日富各敬爾儀
天命不又

周事筆

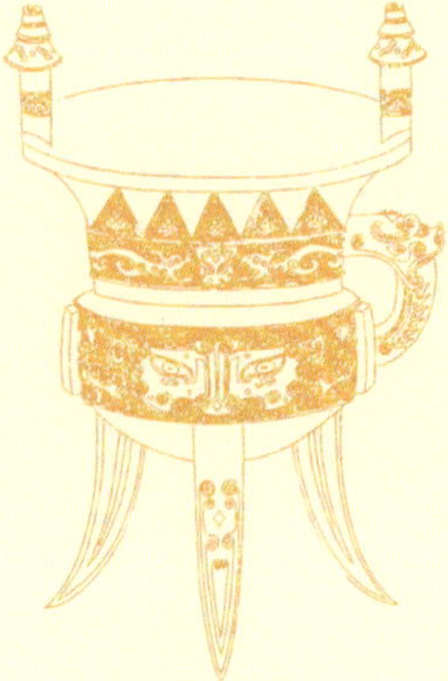

释文

中原有菽，庶民采之。螟蛉有子，蜾蠃负之。教诲尔子，式穀似之。题彼脊令，载飞载鸣。我日斯迈，而月斯征。夙兴夜寐，无（毋）忝尔所生。

《诗经·小雅·小旻之什·小宛》之三

书法　宋人书《诗经图》本

中原有菽庶民采之螟蛉有子
蜾蠃負之教誨爾子式穀似之
題彼脊令載飛載鳴我日斯邁
而月斯征夙興夜寐無忝爾所生

清佚名仿制《毛诗品物图考》内页

日本版《毛诗品物图考》出版后有后来者居上的趋势，影响惠及中国。清人曾以《毛诗品物图考》为基础，重新绘制了升级版本。升级之处，一是开本更加阔大，版式上将图和文分开，更加便于阅读。二是日本版插画为黑白线描，较为粗疏；清人再版本插画为彩色，更加写实，画技也更高。

但是，日本版为出版物；而中国版是稿本，传为清宫旧藏之物，可能是供中国皇帝阅读之用。

毛詩品物圖攷卷六

蟲部

螽斯羽詵詵兮

傳螽斯蚣蝑也集傳蝗屬長而青長角長股能以股相切作聲一生九十九子○爾雅蜤螽蚣蝑蜤音斯邢昺云蜤螽周南作螽斯七月作斯螽惟字異文倒其實一也一名蚣蝑一名蜙蠑一名蟜螓螽總名斯語詞註家以為蚣蝑則今吉里吉里斯也

释文

交交桑扈，率场啄粟。哀我填寡，宜岸宜狱，握粟出卜，自何能穀？温温恭人，如集于木。惴惴小心，如临于谷。战战兢兢，如履薄冰。

《诗经·小雅·小旻之什·小宛》之四

书法　宋人书《诗经图》本

周帶斝

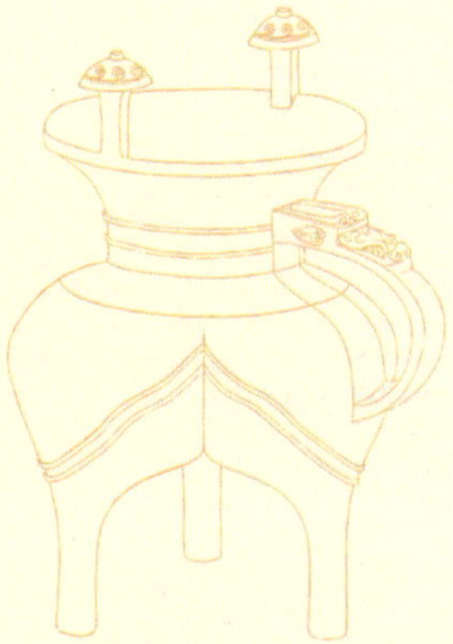

交交桑扈率場啄粟哀我填寡
宜岸宜獄握粟出卜自何能穀
温温恭人如集于木惴惴小心
如臨于谷戰戰兢兢如履薄冰

释文

於穆清庙，肃雍显相。济济多士，秉文之德，对越在天。骏奔走在庙，不显不承，无射于人斯。

《诗经·周颂·清庙之什·清庙》

书法　宋人书《诗经图》本

商祖已觶

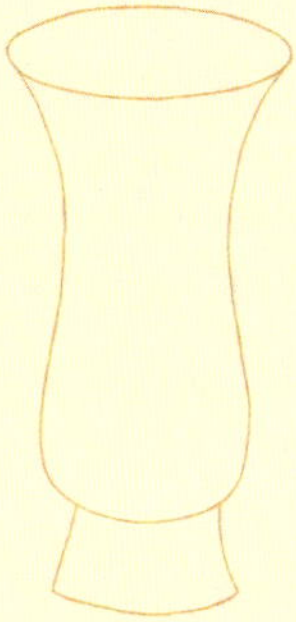

於穆清廟肅雝顯相濟濟
多士秉文之德對越在天
駿奔走在廟不顯不承無
射於人斯

释文　维天之命，於穆不已。於乎不显，文王之德之纯！假以溢我，我其收之。骏惠我文王，曾孙笃之。

《诗经·周颂·清庙之什·维天之命》

书法　宋人书《诗经图》本

周史觯

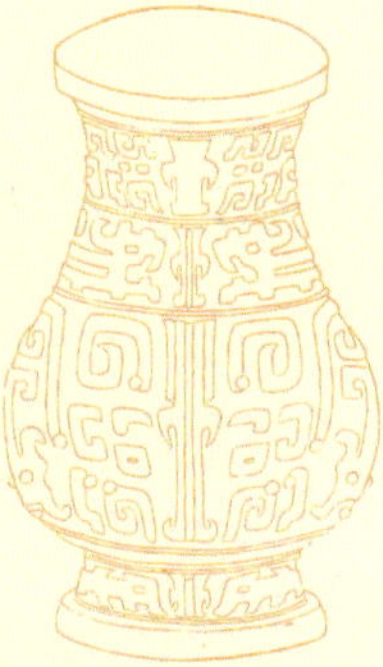

維天之命於穆不已於乎
不顯文王之德之純假以
溢我我其收之駿惠我文
王曾孫篤之

释文　维清缉熙，文王之典。肇禋，迄用有成，维周之祯。

《诗经·周颂·清庙之什·清庙》

书法　宋人书《诗经图》本

周素觶十

維清緝熙文王之典肇禋
迄用有成維周之禎

释文　烈文辟公，锡（赐）兹祉福，惠我无疆，子孙保之。无封靡于尔邦，维王其崇之。念兹戎功，继序其皇之。无竞维人，四方其训之。不显维德，百辟其刑之。於乎，前王不忘！

《诗经·周颂·清庙之什·烈文》

书法　宋人书《诗经图》本

周雞爵

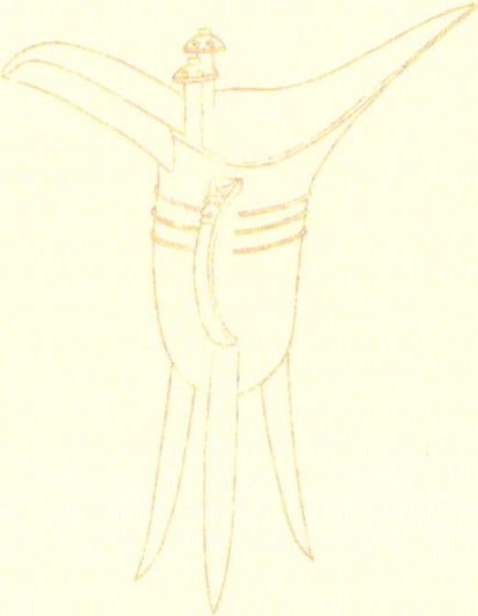

烈文辟公錫茲祉福惠我無疆
子孫保之無封靡于爾邦維王
其崇之念茲戎功繼序其皇之
無競維人四方其訓之不顯維
德百辟其刑之於乎前王不忘

日本细井徇编绘《诗经名物图解》内页

19世纪中期，日本又迎来一本重要的“诗经名物学”著作——《诗经名物图解》。该书由日本江户时代儒学家细井徇编撰，并与日本绘者一起为《诗经》配了百余幅彩色名物图。全书分为十册，其中，三册草部，两册木部，两册禽部，一册兽部，一册鳞部，一册虫部，大约完成于日本嘉永元年（1848年）。该书在版式上以两页为一个单元，上页介绍名物意义和出处，下页彩绘名物并偶有小注，基本上图文分开，便于阅读。

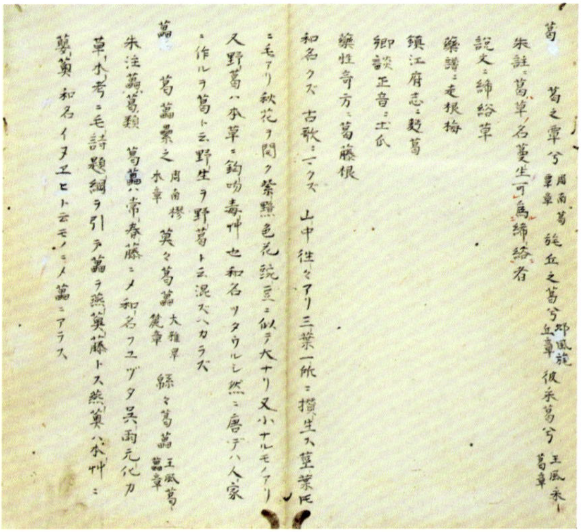

葛

葛之覃兮 周南葛覃章　旄丘之葛兮 邶風旄丘章　彼采葛兮 王風采葛章

朱註ニ葛草名蔓生可為絺綌者

説文ニ絺綌草

藥譜ニ走根梅

鎮江府志ニ麩葛

郷談正音ニ土瓜

藥性奇方ニ葛藤根

和名クズ　古歌ニヽクズ　山中往々アリ三葉一所ニ攢生ス莖葉ニ

ニ毛アリ秋花ヲ開ク紫黯色花豌豆ニ似テ大ナリ又小ナルモノアリ

又野葛ハ本草ニ鉤吻毒艸也和名ツタウルシ然ニ唐デハ人家

ニ作ルヲ葛ト云野生ヲ野葛ト云混ズベカラズ

藟

葛藟纍之 周南樛木章　莫々葛藟 大雅旱麓章　緜々葛藟 王風葛藟章

朱注藟葛類　葛藟ハ常春藤ニノ和名フユヅタ呉雨元化カ

草木考ニ毛詩題綱ヲ引テ藟ヲ蘡薁藤トス蘡薁ハ木艸ニ

蘡薁 和名イヌエビト云モノニノ藟ニアラス

释文　天作高山，大王荒之。彼作矣，文王康之。彼徂矣，岐有夷之行。子孙保之。

《诗经·周颂·清庙之什·天作》

书法　宋人书《诗经图》本

周亞爵

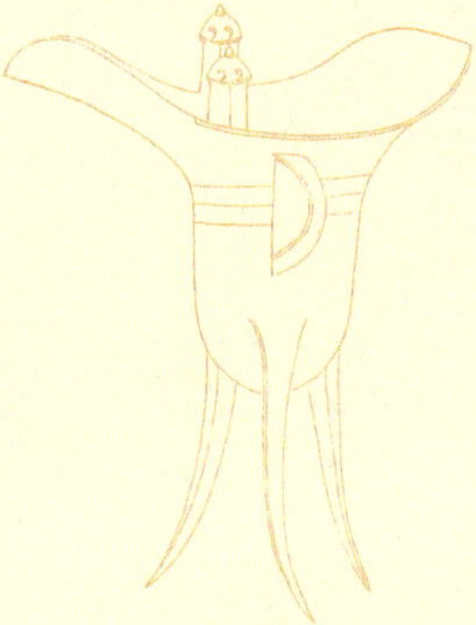

天作高山大王荒之彼作
矣文王康之彼祖矣岐有
夷之行子孫保之

释文　昊天有成命，二后受之。成王不敢康，夙夜基命宥密。於缉熙，单厥心，肆其靖之。

《诗经·周颂·清庙之什·昊天有成命》

书法　宋人书《诗经图》本

周舉爵

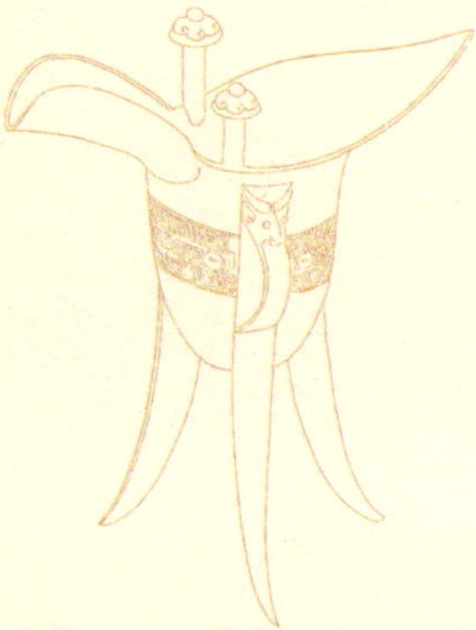

昊天有成命二后受之成
王不敢康夙夜基命宥密
於緝熙單厥心肆其靖之

周素爵

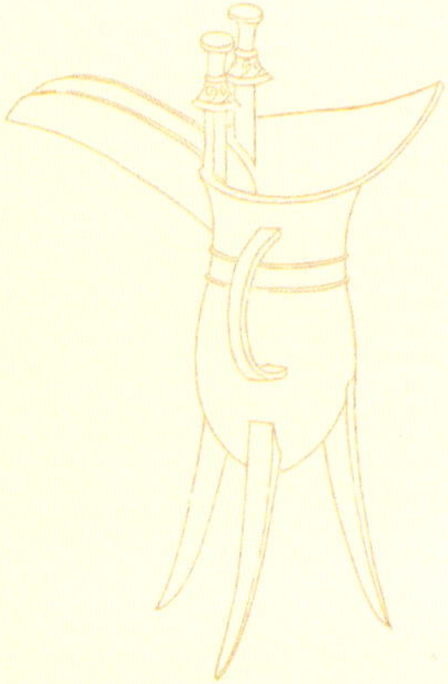

释文　我将我享，维羊维牛，维天其右（佑）之。仪式刑文王之典，日靖四方。伊嘏文王，既右飨之。我其夙夜，畏天之威，于时保之！

《诗经·周颂·清庙之什·我将》

书法　宋人书《诗经图》本

我將我享維羊維牛維天其右
之儀式刑文王之典日靖四方
伊嘏文王既右饗之我其夙夜
畏天之威于時保之

周子孫角

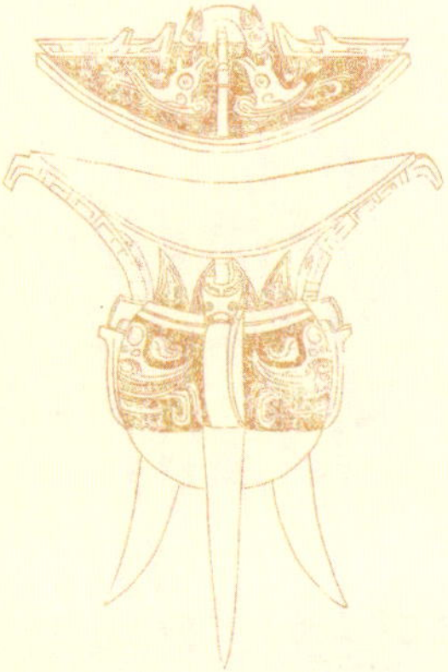

释文　时迈其邦，昊天其子之，实右序有周。薄言震之，莫不震叠。怀柔百神，及河乔岳。允王维后，明昭有周，式序在位。载戢干戈，载櫜弓矢。我求懿德，肆于时夏。允王保之！

《诗经·周颂·清庙之什·时迈》

书法　宋人书《诗经图》本

時邁其邦昊天其子之實右序
有周薄言震之莫不震疊懷柔
百神及河喬嶽允王維后明昭
有周式序在位載戢干戈載櫜
弓矢我求懿德肆于時夏允王
保之

释文

执竞武王，无竞维烈。不显成康，上帝是皇。自彼成康，奄有四方，斤斤其明。钟鼓喤喤，磬筦（管）将将，降福穰穰。降福简简，威仪反反。既醉既饱，福禄来反。

《诗经·周颂·清庙之什·执竞》

书法 宋人书《诗经图》本

周庚角

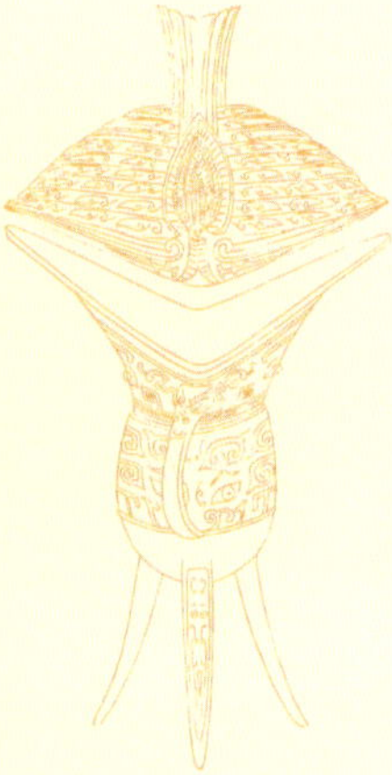

執競武王無競維烈不顯成康
上帝是皇自彼成康奄有四方
斤斤其明鍾鼓喤喤磬筦將將
降福穰穰降福簡簡威儀反反
既醉既飽福祿來反

日本细井徇编绘《诗经名物图解》之蒹葭

与徐鼎的开山之作《毛诗名物图说》和日本版《毛诗品物图考》相比，日本细井徇编绘的《诗经名物图解》配图的最大特点是全彩，虽不是幅幅精彩，大体是描摹真切之作，着意不在美术，而在科学。以下略举代表作（删节图间的解说文字），让我们一起走进《诗经》的名物世界！

蒹葭，出自《诗经·国风·秦风·蒹葭》：“蒹葭苍苍，白露为霜。所谓伊人，在水一方。” 本指在水边怀念故人，后泛指思念异地友人或爱人。

蒹，指没长穗的荻；葭，指初生的芦苇，蒹葭并称，泛指芦苇，多生于低湿地或浅水中。芦苇为多年生高大禾草，茎中空，叶线形，花白色，可用于编织席、帘，也可作饲料。

葭

释文

思文后稷，克配彼天。立我烝民，莫匪（菲）尔极。贻我来牟，帝命率育。无此疆尔界，陈常于时夏。

《诗经·周颂·清庙之什·思文》

书法　宋人书《诗经图》本

周龍勺

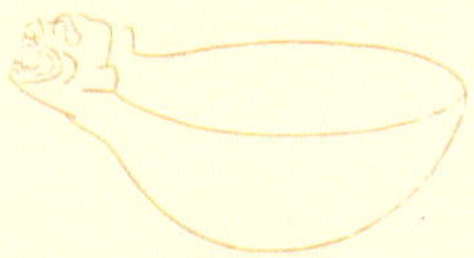

思文后稷克配彼天立我
烝民莫匪爾極貽我来牟
帝命率育無此疆爾界陳
常于時夏

[元] 王渊 《花卉册》之水仙

《大学》《中庸》《论语》《孟子》

冬

释文　大学之道，在明明德，在亲民，在止于至善。

《大学》

书法　清郑燮（板桥）书

周特鐘

大學之道在明明德在親民
在止於至善

释文　知止而后有定，定而后能静，静而后能安，安而后能虑，虑而后能得。物有本末，事有终始。知所先后，则近道矣。

《大学》

书法　清郑燮（板桥）书

周應鐘

知止而后有定定而后能靜
靜而后能安安而后能慮慮
而后能得物有本末事有
終始知所先後則近道矣

释文

古之欲明明德于天下者，先治其国；欲治其国者，先齐其家；欲齐其家者，先修其身；欲修其身者，先正其心；欲正其心者，先诚其意；欲诚其意者，先致其知；致知在格物。

《大学》

书法　清郑燮（板桥）书

周寶鐘

古之欲明明德於天下者先治其國欲
治其國者先齊其家欲齊其家者先脩
其身欲脩其身者先正其心欲正其心
者先誠其意欲誠其意者先致其知
致知在格物

释文　物格而后知至，知至而后意诚，意诚而后心正，心正而后身修，身修而后家齐，家齐而后国治，国治而后天下平。

《大学》

书法　清郑燮（板桥）书

周太公鐘

物格而后知至知至而后意
誠意誠而后心正心正而后
身脩身脩而后家齊家齊
而后國治國治而后天下平

东汉佚名书《乙瑛碑》拓片局部

汉高祖刘邦以古代帝王祭祀社稷才用的太牢之礼祭孔子，开启皇帝亲自祭孔的先河。有汉两朝，平帝、光武帝和明帝等都曾到曲阜祭祀。东汉永兴元年（153年），汉桓帝诏修孔庙，任命守庙官员，并立碑纪念。此碑即是体现庙堂儒雅气质的隶书名碑《乙瑛碑》。

《乙瑛碑》碑文由来往公文构成，其中表彰孔子一生伟绩时写道："孔子作《春秋》，制《孝经》，删定《五经》，演《易·系辞》，经纬天地，幽赞神明……""经纬天地"语出《左传·昭公二十八年》"经天纬地曰文"。"幽赞神明"语出《易·说卦》"昔者圣人之作《易》也，幽赞于神明而生蓍，参天两地而倚数"。"经纬天地，幽赞神明"直译即"（孔子）以天地为法度，暗中得到神明的帮助"。

天地幽讚神明　陳步趨無韠禕　孝經五經　子𠀆春秋

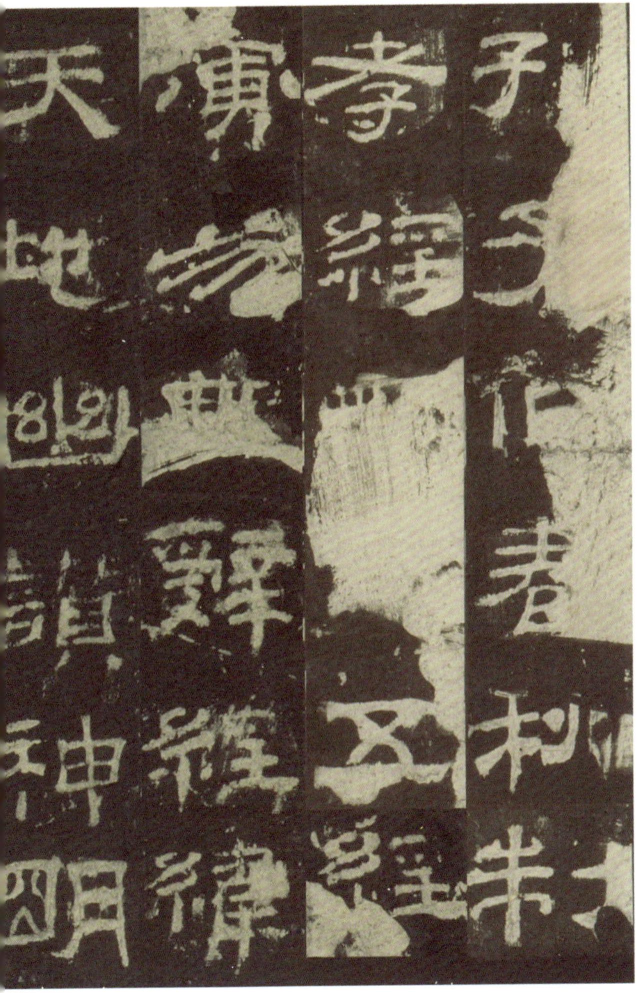

释文　所谓致知在格物者，
言欲致吾之知，在即物而穷其理也。

《大学》

书法　清郑燮（板桥）书

周䪫鐘

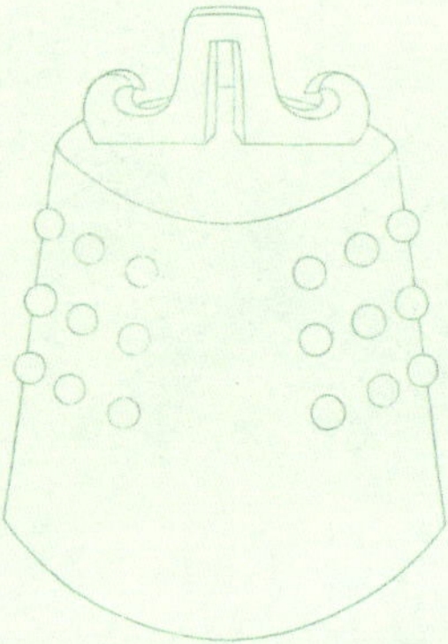

所謂致知在格物者言欲致

吾之知在即物而窮其理也

释文

盖人心之灵莫不有知，而天下之物莫不有理，

惟于理有未穷，故其知有不尽也，

是以《大学》始教，必使学者即凡天下之物，

莫不因其已知之理而益穷之，以求至乎其极。

《大学》

书法　清郑燮（板桥）书

周雙龍鐘

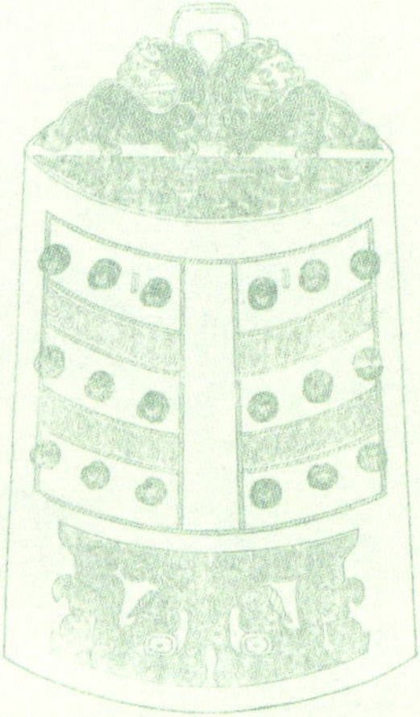

蓋人心之靈莫不有知而天下之物莫不有理惟於理有未窮故其知有不盡也是以大學始教必使學者即凡天下之物莫不因其已知之理而益窮之以求至乎其極

周雙螭鐘

释文　至于用力之久，而一旦豁然贯通焉，
则众物之表里精粗无不到，
而吾心之全体大用无不明矣。
此谓物格，此谓知之至也。

《大学》

书法　清郑燮（板桥）书

至於用力之久而一旦豁然貫
通焉則眾物之表裏精粗無
不到而吾心之全體大用無不
明矣此謂物格此謂知之至也

释文　所谓诚其意者：毋自欺也。如恶恶臭，如好好色，此之谓自谦。故君子必慎其独也。

《大学》

书法　清郑燮（板桥）书

周雙夔鐘

所謂誠其意者毋自欺也如惡惡臭如好好色此之謂自謙故君子必慎其獨也

释文　小人闲居为不善，无所不至，见君子而后厌然，掩其不善，而著其善。人之视己，如见其肺肝然，则何益矣。此谓诚于中，形于外，故君子必慎其独也。

《大学》

书法　清郑燮（板桥）书

周蟠夔鐘

小人閒居為不善無所不至見君子
而后厭然揜其不善而著其善人
之視己如見其肺肝然則何益矣此謂
誠於中形於外故君子必慎其獨也

东汉佚名书《礼器碑》拓片局部

隶书名碑《礼器碑》东汉永寿二年（156年）立于曲阜孔庙，用以纪念时任主官整修孔庙、增加礼器之事。

碑文开始写道：“惟永寿二年，青龙在涒叹，霜月之灵，皇极之日。”在远古时代产生的星纪历法中，太岁星（别称“青龙”）以六十甲子的干支纪年法为运转周期。据《尔雅》，“（太岁）在申曰涒滩（叹）”。也就是说，太岁星在永寿二年运行至“申”的位置。“霜月之灵（令）”中的“霜月”即“相月”。据《尔雅》，“七月为相”，“霜月”即七月。“皇极之日”出自《尚书·洪范》“五，皇极：皇建其有极”，是《洪范》第五部分的总起句，此处“皇极”代指“五”。

其实，全句无非是点明时间，说白了就是“永寿二年七月五日”，“密码”全在《尔雅》和《尚书》两部儒典中。

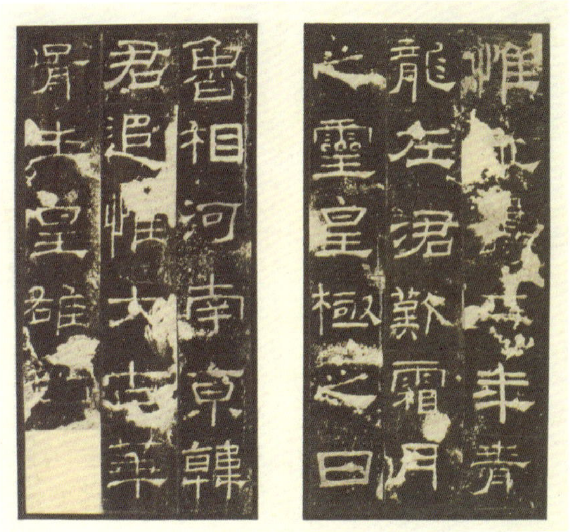
惟
年青
龍在涒歎霜月
之靈皇極之日
魯相河南京韓
君追惟太古華
胥生皇雄

释文

所谓修身在正其心者，身有所忿懥，则不得其正；有所恐惧，则不得其正；有所好乐，则不得其正；有所忧患，则不得其正。

《大学》

书法　清郑燮（板桥）书

周蟠夔鐘

所謂脩身在正其心者身有
所忿懥則不得其正有所恐懼
則不得其正有所好樂則不得
其正有所憂患則不得其正

释文　所谓齐其家在修其身者，人之其所亲爱而辟焉，之其所贱恶而辟焉，之其所畏敬而辟焉，之其所哀矜而辟焉，之其所敖（傲）惰而辟焉。故好而知其恶，恶而知其美者，天下鲜矣！

《大学》

书法　清郑燮（板桥）书

周蟠夔鐘

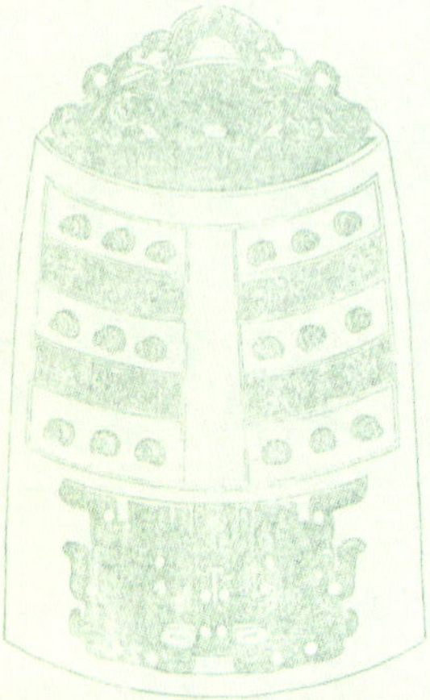

所謂齊其家在脩其身者人之其所親
愛而辟焉之其所賤惡而辟焉之其所
畏敬而辟焉之其所哀矜而辟焉之其所
敖惰而辟焉故好而知其惡惡而知其美
者天下鮮矣

释文　所谓平天下在治其国者，上老老而民兴孝；上长长而民兴弟（悌）；上恤孤而民不倍（背）。是以君子有絜矩之道也。

《大学》

书法　清郑燮（板桥）书

周蟠夔鐘

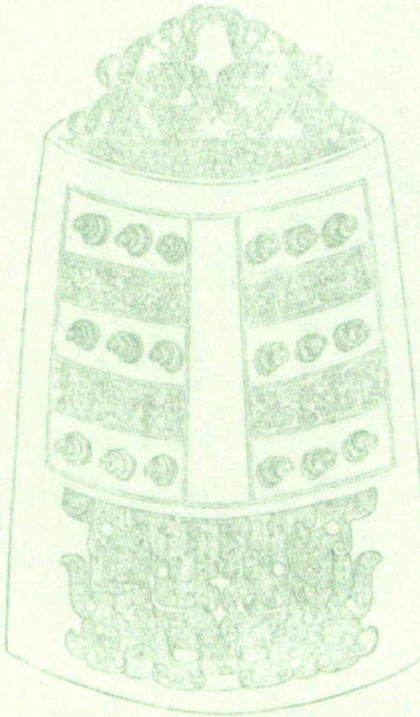

所謂平天下在治其國者上老老
而民興孝上長長而民興弟上
恤孤而民不倍是以君子有絜
矩之道也

释文

喜怒哀乐之未发，谓之中；发而皆中节，谓之和。中也者，天下之大本也；和也者，天下之达道也。致中和，天地位焉，万物育焉。

《中庸》

书法　清郑燮（板桥）书

周蟠夔鐘

喜怒哀樂之未發謂之中發而
皆中節謂之和中也者天下之
大本也和也者天下之達道也
致中龢天地位焉萬物育焉

释文　君子素其位而行，不愿乎其外。

素富贵，行乎富贵；素贫贱，行乎贫贱；

素夷狄，行乎夷狄；素患难，行乎患难。

《中庸》

书法　清郑燮（板桥）书

周蟠夔鐘

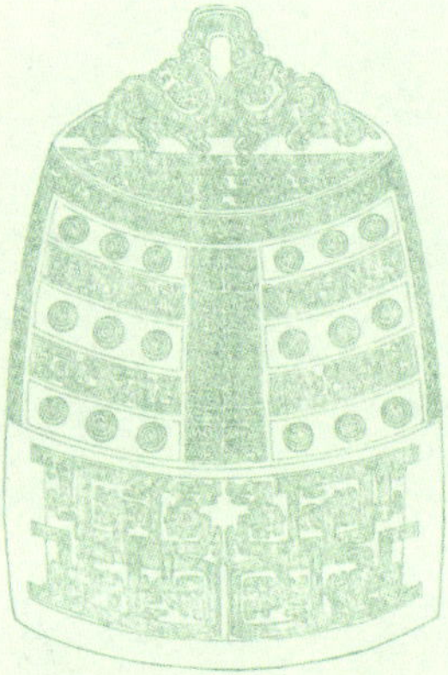

君子素其位而行不願乎其
外素富貴行乎富貴素貧賤
行乎貧賤素夷狄行乎夷狄
素患難行乎患難

东汉仇靖书《西狭颂》拓片局部

东汉名石《西狭颂》是像《石门颂》一样的摩崖刻石，刻于东汉建宁四年（171 年），用以纪念武都太守李翕修建西狭栈道造福于民的德政。

《西狭颂》在称赞李翕“动顺经古（行为符合古代法度）”时写道：“先之以博爱，陈之以德义，示之以好恶，不肃而成，不严而治。”此句语出《孝经·三才》：“夫孝，天之经也，地之义也，民之行也。天地之经，而民是则之。则天之明，因地之利，以顺天下。是以其教不肃而成，其政不严而治。先王见教之可以化民也，是故先之以博爱而民莫遗其亲，陈之以德义而民兴行，先之以敬让而民不争，导之以礼乐而民和睦，示之以好恶而民知禁。”

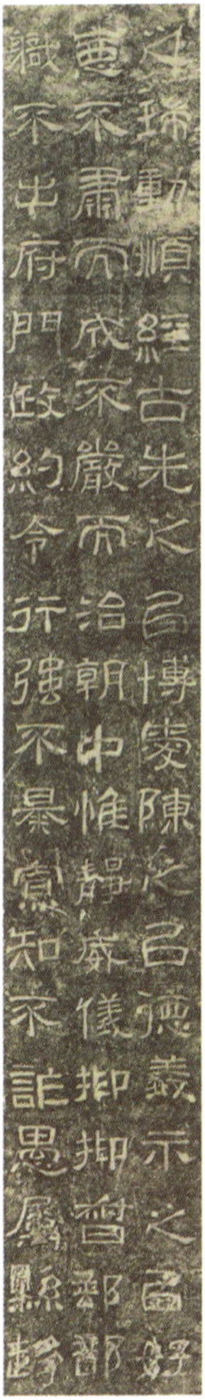
之孫動順經古先之以博愛陳之以德義示之以好
惡不肅而成不嚴而治朝中惟靜威儀抑抑督郵部
職不出府門政約令行強不暴寡知不詐愚屬縣趍

释文　君子无入而不自得焉。

在上位，不陵下；在下位，不援上。

正己而不求于人，则无怨。上不怨天，下不尤人。

故君子居易以俟命，小人行险以儌（侥）幸。

《中庸》

书法　清郑燮（板桥）书

周蟠夔鐘

君子無入而不自得焉在上位
不陵下在下位不援上正己而
不求於人則無怨上不怨天下
不尤人故君子居易以俟命小
人行險以徼幸

释文　知、仁、勇三者，天下之达德也，所以行之者一也。

《中庸》

书法　清郑燮（板桥）书

周蟠夔鐘

知仁勇三者天下之達德也
所以行之者一也

释文　或生而知之，或学而知之，或困而知之，及其知之，一也。或安而行之，或利而行之，或勉强而行之，及其成功，一也。

《中庸》

书法　清郑燮（板桥）书

周蟠夔鐘

或生而知之或學而知之或
困而知之及其知之一也或
安而行之或利而行之或
勉强而行之及其成功一也

释文　凡事豫则立，不豫则废。
言前定则不跲，事前定则不困，
行前定则不疚，道前定则不穷。

《中庸》

书法　清郑燮（板桥）书

周蟠螭鐘

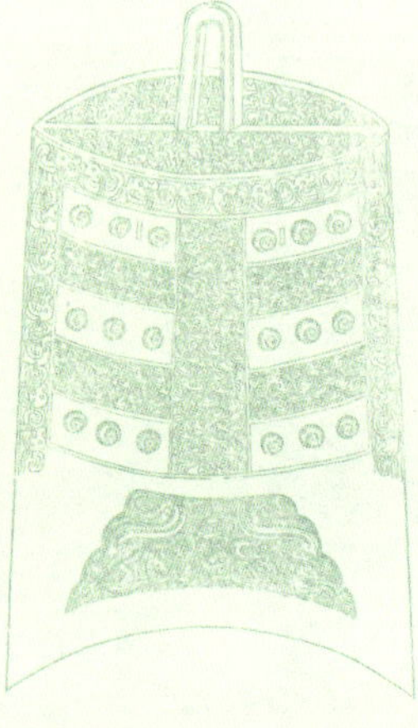

凡事豫則立不豫則廢言前
定則不跲事前定則不困行
前定則不疚道前定則不窮

释文

获乎上有道：不信乎朋友，不获乎上矣。
信乎朋友有道：不顺乎亲，不信乎朋友矣。
顺乎亲有道：反诸身不诚，不顺乎亲矣。
诚身有道：不明乎善，不诚乎身矣。

《中庸》

书法　清郑燮（板桥）书

周蟠螭鐘

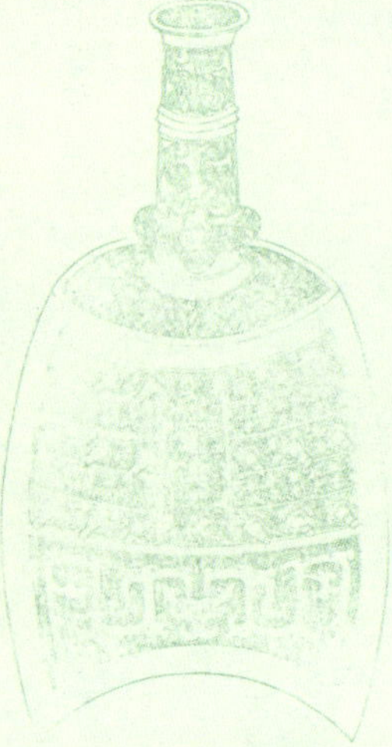

獲乎上有道不信乎朋友不獲乎上矣
信乎朋友有道不順乎親不信乎朋友
矣順乎親有衟反諸身不誠不順乎親
矣誠身有道不明乎善不誠乎身矣

东汉佚名书《曹全碑》拓片局部

孝是儒学要义之一。汉代是中国历史上第一个大规模以孝治国的朝代。孝，成为当时品评人物的一项重要标准。

立于东汉灵帝中平二年（185 年）的东汉名碑《曹全碑》，对时任郃阳县令曹全德政进行了高度评价。在介绍其生平时，特别提到他曾收养季祖母、供事继母的孝行，称他“贤孝之性根生于心”“先意承志，存亡之敬，礼无遗阙”。“先意承志”语出《礼记·祭义》“君子之所谓孝者，先意承志，谕父母于道”，意为善于体会父母心思，预知并顺其意而行事。

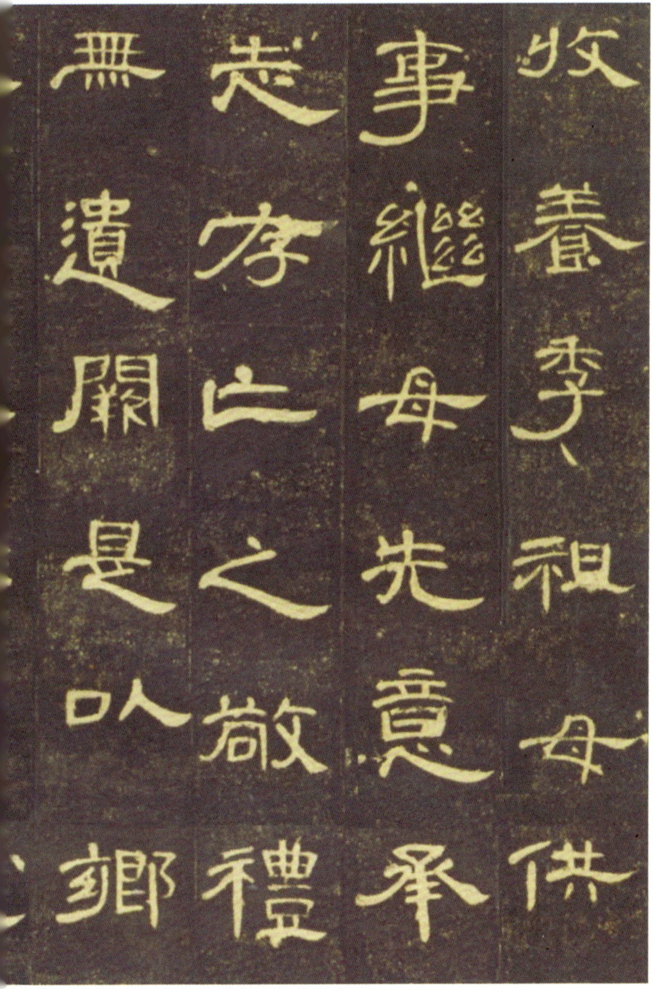
收養季祖母供
事繼母先意承
志存亡之敬禮
無遺闕是以鄉

释文　博学之，审问之，慎思之，明辨之，笃行之。

有弗学，学之弗能弗措也；有弗问，问之弗知弗措也；有弗思，思之弗得弗措也；有弗辨，辨之弗明弗措也；有弗行，行之弗笃弗措也。

《中庸》

书法　清郑燮（板桥）书

周蟠螭鐘

博學之審問之慎思之明辨之篤行之有弗學學之弗能弗措也有弗問問之弗知弗措也有弗思思之弗得弗措也有弗辨辨之弗明弗措也有弗行行之弗篤弗措也

释文　人一能之，己百之；人十能之，己千之。果能此道矣，虽愚必明，虽柔必强。

《中庸》

书法　清郑燮（板桥）书

周蟠虺鐘

人一能之己百之人十能之己千之果能此道矣雖愚必明雖柔必强

释文

君子尊德性而道问学，致广大而尽精微，极高明而道中庸。温故而知新，敦厚以崇礼。是故居上不骄，为下不倍（背）。国有道，其言足以兴，国无道，其默足以容。

《中庸》

书法　清郑燮（板桥）书

周盤雲鐘

君子尊德性而道問學致廣大而盡精微極高明而衜中庸溫故而知新敦厚㠯崇礼是故居上不驕爲下不倍國有道其言足以興國無衜其默足以容

释文　君子有九思。视思明，听思聪，色思温，貌思恭，言思忠，事思敬，疑思问，忿思难，见得思义。

《论语》

书法　清郑燮（板桥）书

周盤雲鐘

君子有九思視思明聽思聰色思溫貌思恭言思忠事思敬疑思問忿思難見得思義

释文　三人行，必有我师焉。择其善者而从之，其不善者而改之。

《论语》

书法　清郑燮（板桥）书

周雷紋鐘

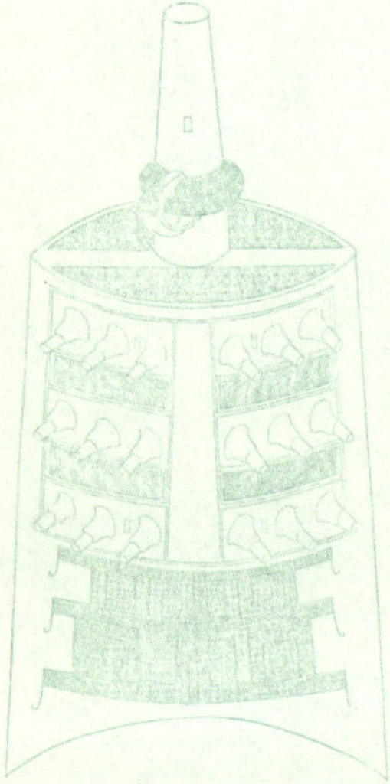

三人行必有我師焉擇其善
者而從之其不善者而改之

（传）北魏郑道昭书《郑文公碑》拓片局部

孔子曾教导他的独子孔鲤说:“不学《诗》,无以言。”由此可见,《诗经》的重要，以至于《诗经》中的一些名句好词成为汉语的基础构件，虽然大部分在使用时已非原意。

出自《诗经・大雅・荡之什・烝民》的“吉甫作诵，穆如清风”，本意是说周宣王太师尹吉甫写了这篇颂诗，像清风一样柔和。但后世多用“穆如清风”来比喻清风化养万物的懿行。北魏功德碑《郑文公碑》以“德政宽明，化先仁惠，不严之治，穆如清风”来表彰碑主郑羲的惠民德政。《郑文公碑》刻于北魏永平四年（511 年），是山东莱州云峰山摩崖刻石的代表作品。

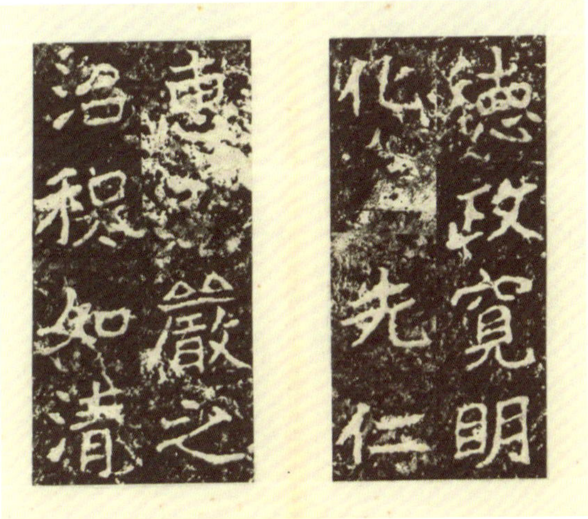
德政寬明
化先仁
惠嚴之
治穆如清

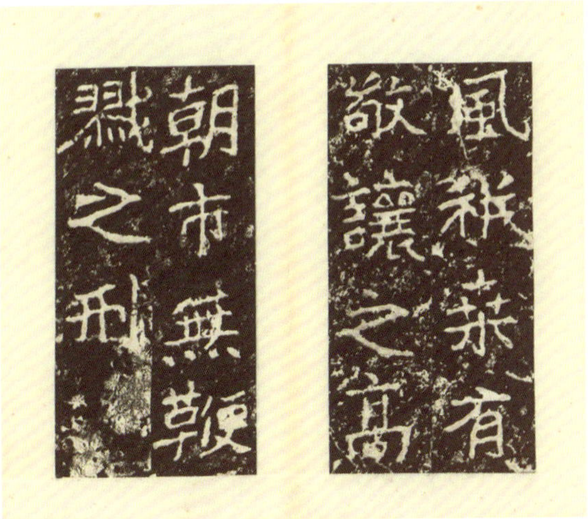
風移恭有
敬讓之高
朝市無鞭
撲之刑

释文　巧言令色，鲜矣仁。　《论语》

书法　清郑燮（板桥）书

周篆帶鐘

巧言令色鲜矣仁

释文　不患无位，患所以立；不患莫己知，求为可知也。

《论语》

书法　清郑燮（板桥）书

周星帶鐘

不患無位患所以立不患莫
己知求為可知也

释文　人无远虑，必有近忧。

《论语》

书法　清郑燮（板桥）书

周螭鈕鐘

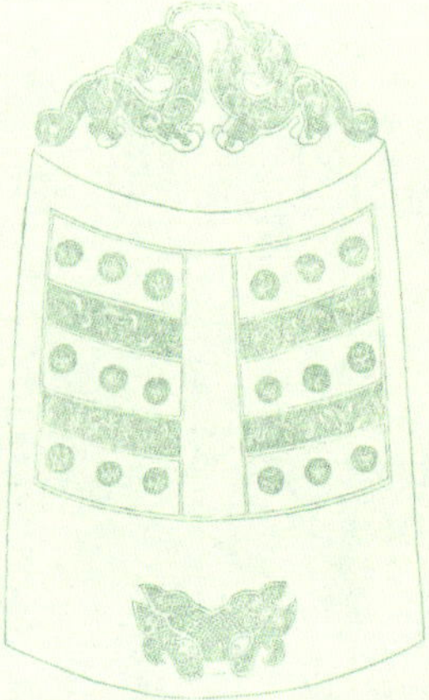

人無遠慮必有近憂

释文　知者不惑，仁者不忧，勇者不惧。

《论语》

书法　清郑燮（板桥）书

周螭钮鐘

知者不惑仁者不忧勇者不惧

释文　道不行，乘桴浮于海。《论语》

书法　清郑燮（板桥）书

周螭鈕鐘

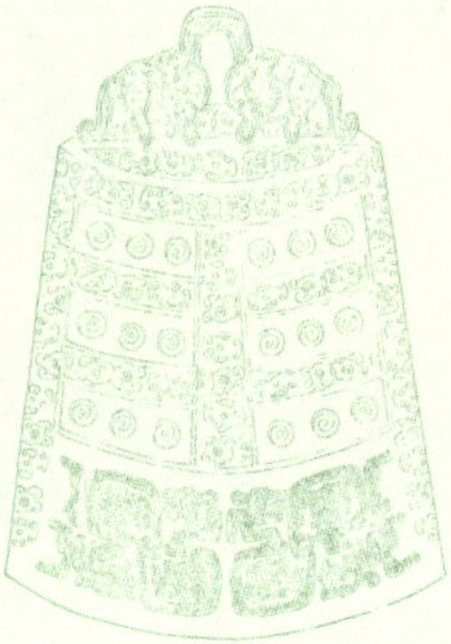

道不行乘桴浮於海

北魏佚名书《张猛龙碑》拓片局部

古代名碑中偶有错字。比如北魏功德碑《张猛龙碑》在记述鲁郡太守张猛龙生平时，用“冬温夏清，晓夕承奉（早晚照顾）”来形容张氏对寡居母亲的孝行。其中，“冬温夏清”中的“清”为“清”字之讹。此语出自《礼记·曲礼上》“凡为人子之礼，冬温而夏清，昏定而晨省”。“冬温夏清”意即冬天为父母温被预暖，夏天为父母扇席降温，用以形容侍奉双亲无微不至。

《张猛龙碑》刻成于北魏孝明帝正光三年（522 年），文辞典雅，书法“如周公制礼，事事皆美善”（康有为语）。估计出现错字是刻者不慎所致。

世傳梁今德既稹乾霜唯特坤蒸冬溫夏涼清曉夕承家公烏致卷不缺

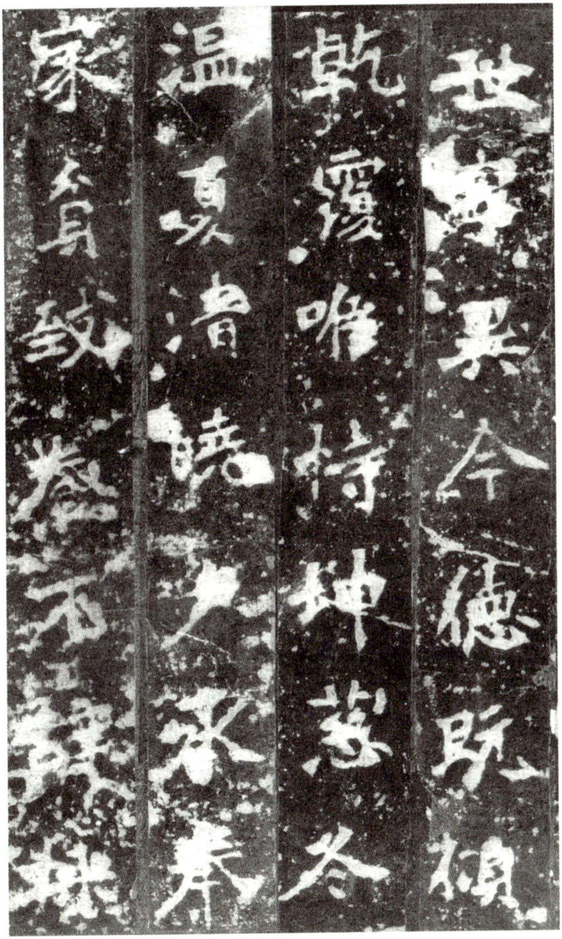

释文　人而不仁，如礼何？人而不仁，如乐何？

《论语》

书法　清郑燮（板桥）书

周環鈕鐘

人而不仁如禮何人而不仁如
樂何

释文　夫仁者，己欲立而立人，己欲达而达人。

《论语》

书法　清郑燮（板桥）书

周素鈕鐘

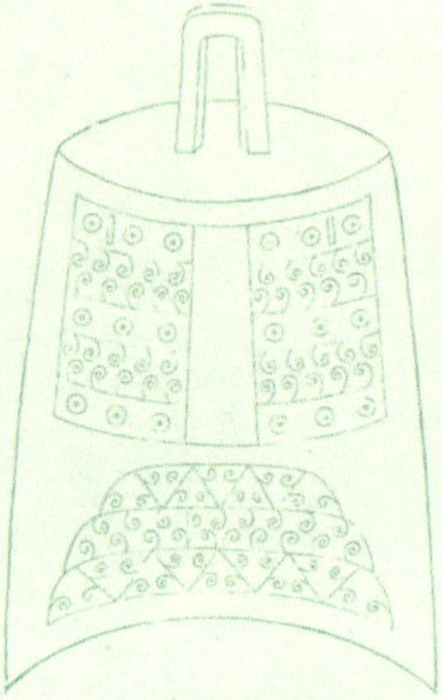

夫仁者己欲立而立人己欲達

而達人

释文　其身正，不令而行；其身不正，虽令不从。

《论语》

书法　清郑燮（板桥）书

周寶甬鐘

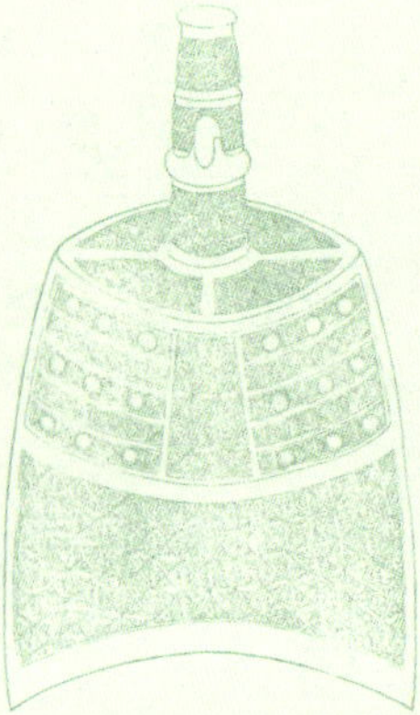

其身正不令而行其身不正
雖令不從

释文　不义而富且贵，于我如浮云。

《论语》

书法　清郑燮（板桥）书

周鎛鐘

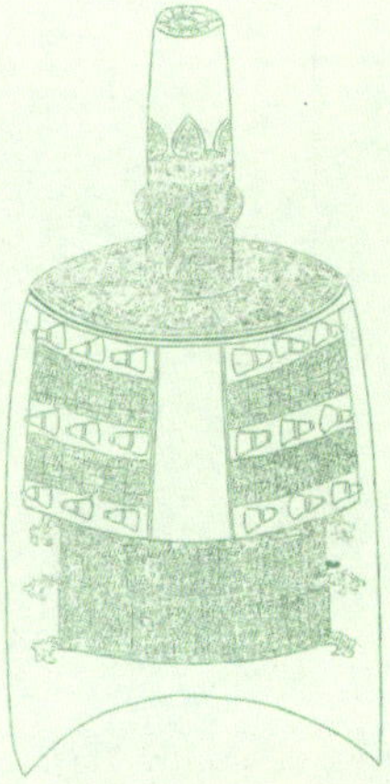

不義而富且貴於我如浮雲

释文　不患人之不己知，患不知人也。

《论语》

书法　清郑燮（板桥）书

周鎛鐘

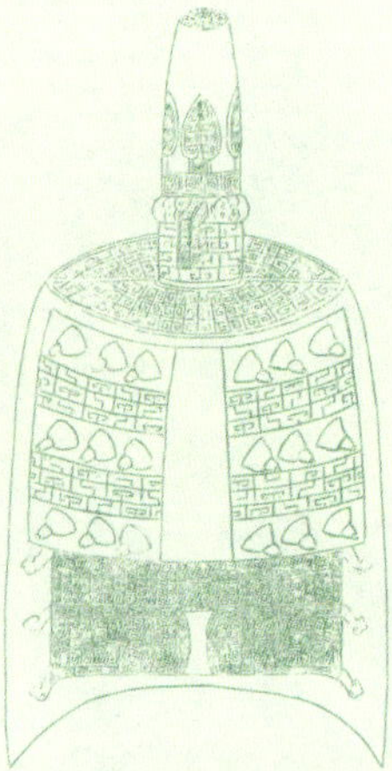

不患人之不己知，患不知人也

唐欧阳询书《九成宫醴泉铭》拓片局部

贞观六年（632年）四月十六日，唐太宗李世民在没有水源的九成宫避暑时，偶然发现一眼泉水，命名为象征瑞象的“醴泉”，并让魏徵撰《九成宫醴泉铭》，命欧阳询书写。于是，中国书法史上的伟大作品《九成宫醴泉铭》诞生。

碑文在颂词中声称“醴泉”的出现是“天人感应”的结果：“上天之载，无臭无声。万类资始，品物流形。随感变质，应德效灵。（天道无言，万物滋生，群生长发。天人感应，瑞降德人。）”其中，“上天之载，无臭无声”直接引自《诗经·大雅·文王之什·文王》。“万类资始，品物流形”语出《易·乾卦》“大哉乾元，万物资始，乃统天，云行雨施，品物流形”。

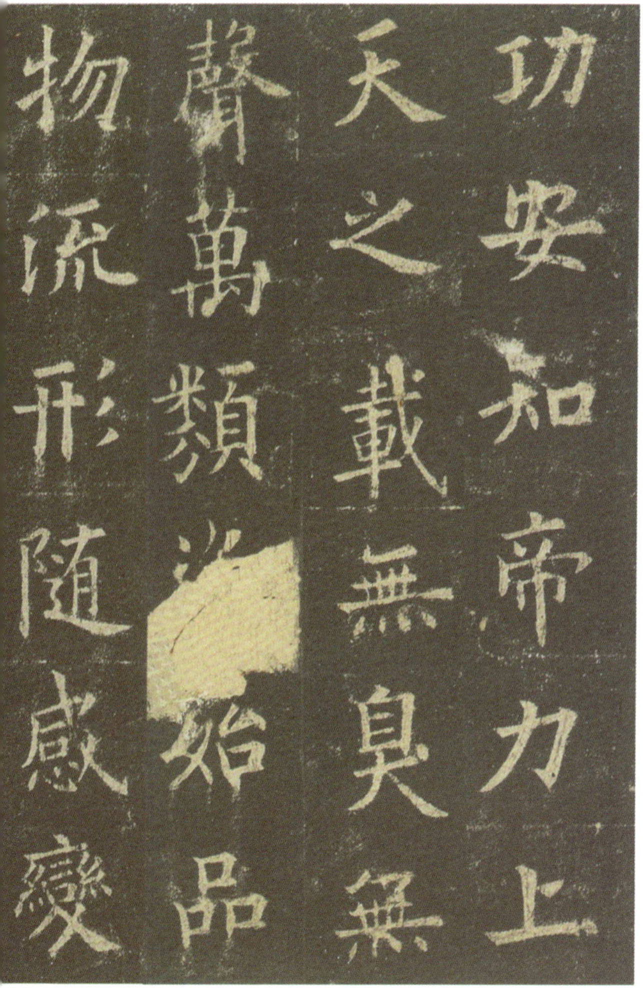

功安知帝力上
天之載無臭無
聲萬類資始品
物流形隨感變

释文　贫而无怨难，富而无骄易。

《论语》

书法　清郑燮（板桥）书

周鎛鐘

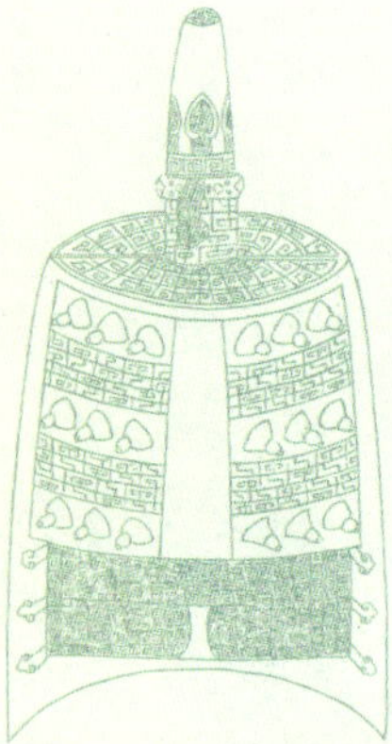

貧而無怨難富而無驕易

释文　三军可夺帅也，匹夫不可夺志也。

《论语》

书法　清郑燮（板桥）书

周鎛鐘

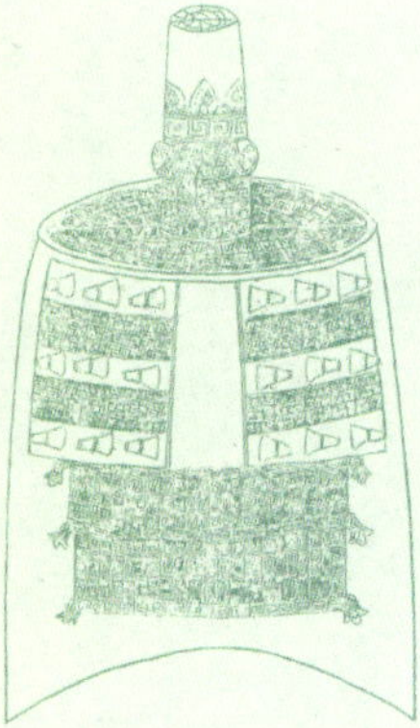

三軍可奪帥也匹夫不可奪志也

释文　君子义以为质，礼以行之，孙（逊）以出之，信以成之。

《论语》

书法　清郑燮（板桥）书

周鎛鐘

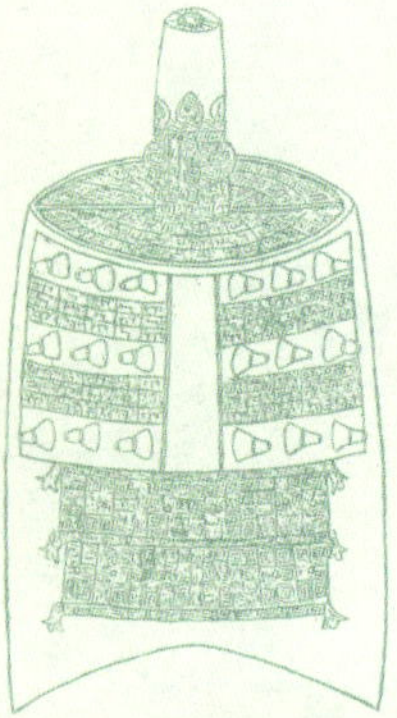

君子義以爲質禮以行之孫
以出之信以成之

释文　见贤思齐焉，见不贤而内自省也。　《论语》

书法　清郑燮（板桥）书

周鎛鐘

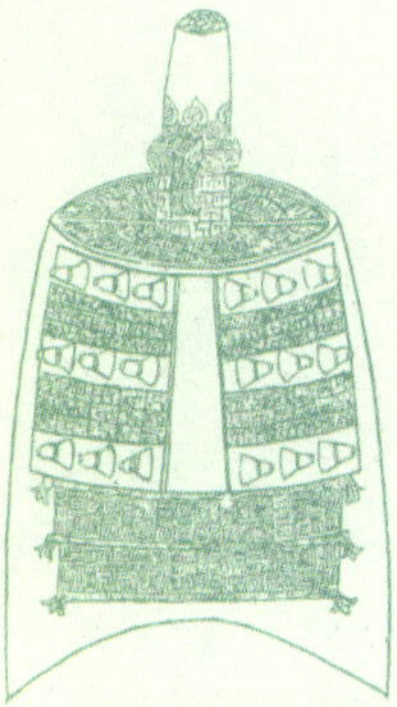

見賢思齊焉見不賢而內自
省也

周鎛鐘

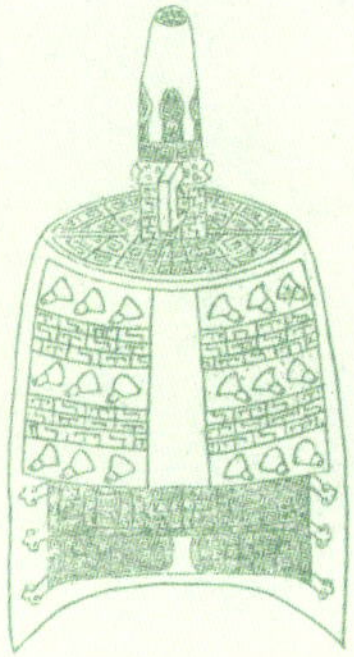

释文　曾子曰：『士不可以不弘毅，任重而道远。』仁以为己任，不亦重乎？死而后已，不亦远乎？

《论语》

书法　清郑燮（板桥）书

曾子曰士不可以不弘毅任重
而道遠仁以爲己任不亦重乎
死而後已不亦遠乎

唐孙过庭书《书谱》局部

据《论语·宪问》记载，孔子曾向人请教卫献公之孙公叔文子是否“不言、不笑、不取（财物）”。得到的回答是：“夫子（公叔文子）时然后言，人不厌其言；乐然后笑，人不厌其笑；义然后取，人不厌其取。（时机适当才讲话，别人就不讨厌他讲话；真心高兴了才笑，别人就不讨厌他笑；道义上该取时才取，别人就不讨厌他取。）”

唐代少有的集书法理论和实践于一身的孙过庭在《书谱》中化用为“时然后言，言必中理矣”来说明“通会之际，人书俱老”的境界。

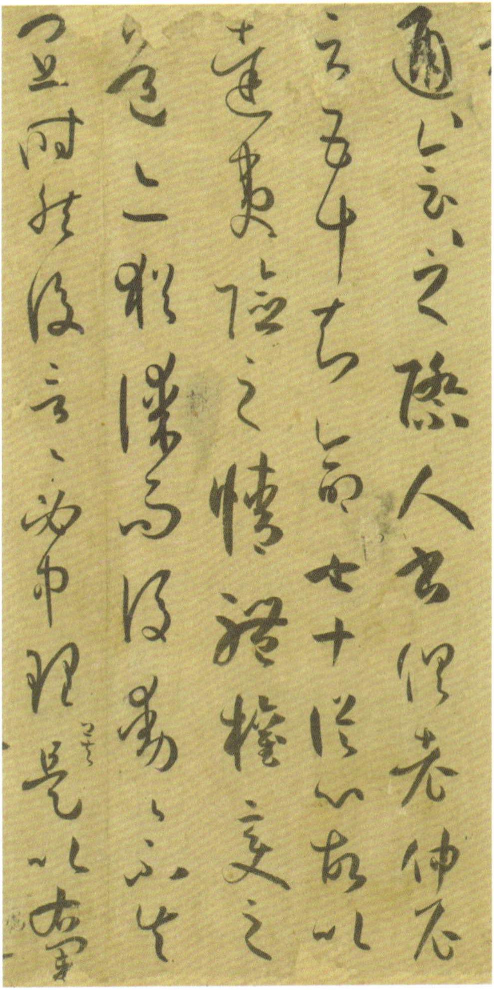
通會之際人書俱老
仲尼云五十知命七十從心故以
達夷險之情體權變之
道亦猶謀而後動動不失
宜時然後言言必中理是以右軍

释文　学而不思则罔，思而不学则殆。

《论语》

书法　清郑燮（板桥）书

周鑮鐘

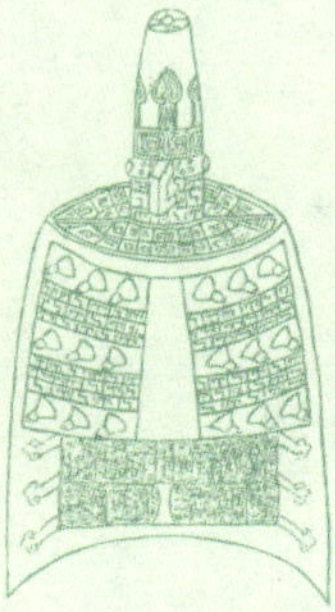

學而不思則罔思而不學則殆

释文　诗，可以兴，可以观，可以群，可以怨。

《论语》

书法　清郑燮（板桥）书

周鎛鐘

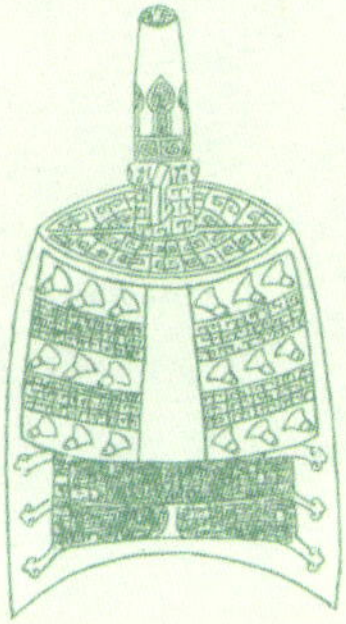

詩可以興可以觀可以羣可以怨

释文　温故而知新，可以为师矣。

《论语》

书法　清郑燮（板桥）书

周鎛鐘

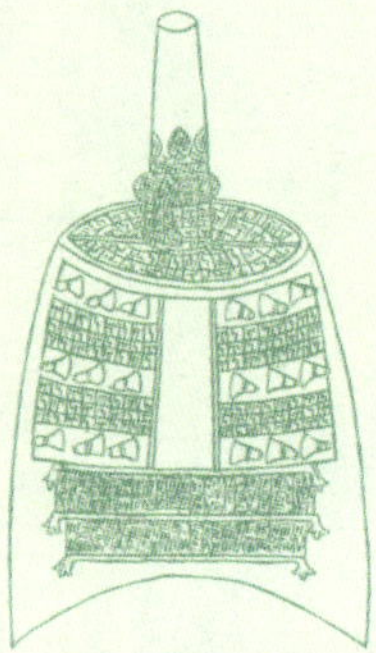

溫故而知新可以爲師矣

释文　父母在，不远游，游必有方。

《论语》

书法　清郑燮（板桥）书

周鎛鐘

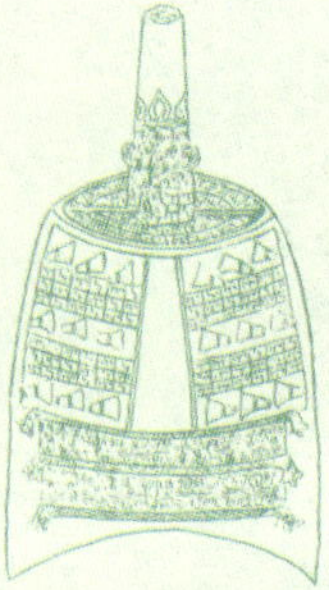

父母在不遠遊〻必有方

释文　老吾老，以及人之老；幼吾幼，以及人之幼。

《孟子》

书法　清郑燮（板桥）书

周鎛鐘

老吾老以及人之老幼吾幼以
及人之幼

（传）唐陆柬之书《文赋》局部

西晋文学家陆机在《文赋》中论述作文的独创性说：“虽杼轴于予怀，怵他人之我先。苟伤廉而愆义，亦虽爱而必捐。”此语强调文思须独创，若与前人暗合，与其被人误以为抄袭而有损品行，不如忍痛割爱。“伤廉”指损害廉洁的高行，取自《孟子·离娄下》“可以取，可以无取；取，伤廉”。

这卷《文赋》墨迹旧传书者为唐代书法家虞世南的外甥陆柬之，而当代启功先生则认为乃元代李倜所书。

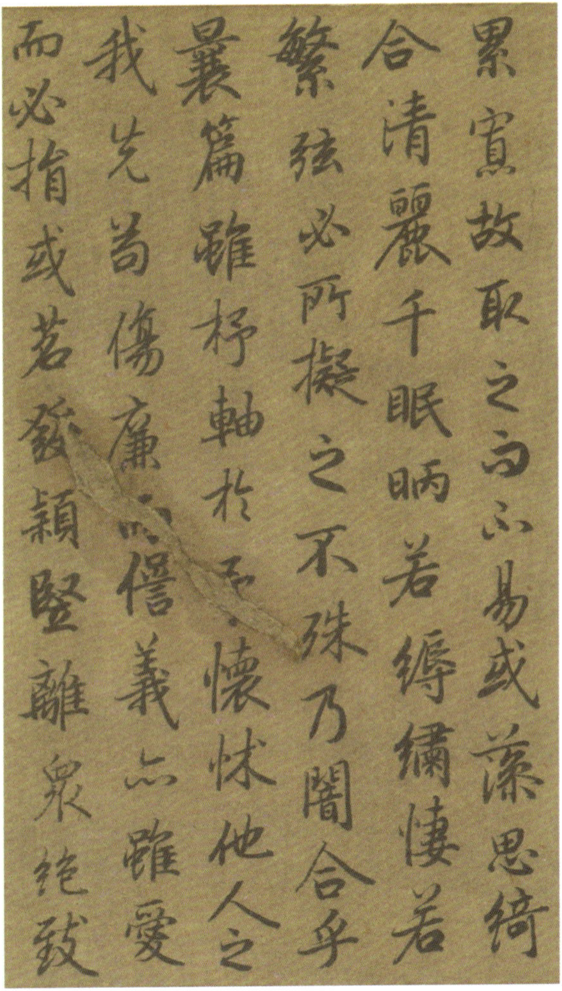
累寘故取之白亦易或藻思綺
合清麗千眠昞若縟繡悽若
繁絃必所擬之不殊乃闇合乎
曩篇雖杼軸於予懷怵他人之
我先苟傷廉而愆義亦雖愛
而必捐或苕發穎豎離衆絕致

释文　权，然后知轻重；度，然后知长短。物皆然，心为甚。

《孟子》

书法　清郑燮（板桥）书

周特鐘

權然後知輕重度然後知長短
物皆然心為甚

释文　无恒产而有恒心者，惟士为能。若民，则无恒产，因无恒心。

《孟子》

书法　清郑燮（板桥）书

周編鐘

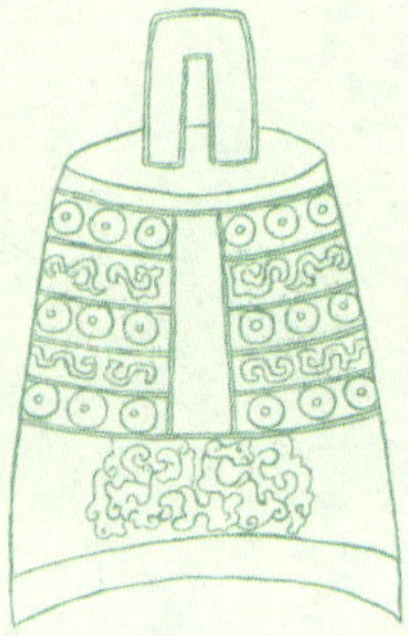

無恒產而有恒心者惟士爲能
若民則無恒產因無恒心

释文　乐民之乐者，民亦乐其乐；忧民之忧者，民亦忧其忧。

《孟子》

书法　清郑燮（板桥）书

周編鐘

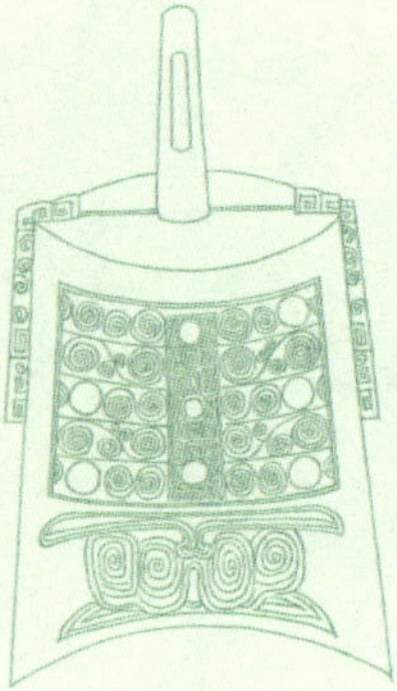

樂民之樂者民亦樂其樂憂民
之憂者民亦憂其憂

周編鐘

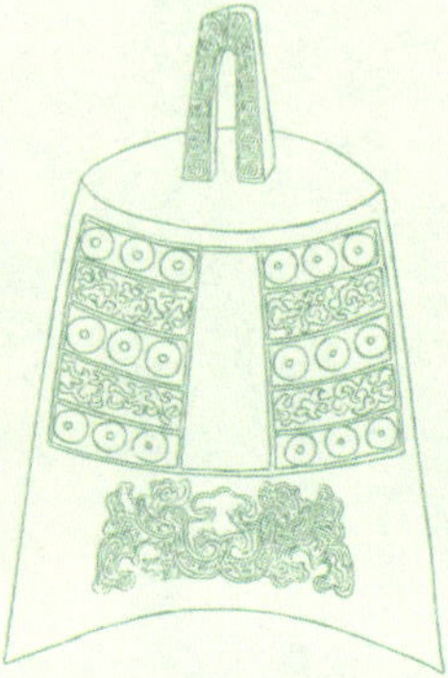

释文　我知言，我善养吾浩然之气。《孟子》

书法　清郑燮（板桥）书

我知言我善養吾浩然之氣

释文　恻隐之心，仁之端也；羞恶之心，义之端也；辞让之心，礼之端也；是非之心，智之端也。

《孟子》

书法　清郑燮（板桥）书

周從鐘

惻隱之心仁之端也羞惡之心義之端也辭讓之心禮之端也是非之心智之端也

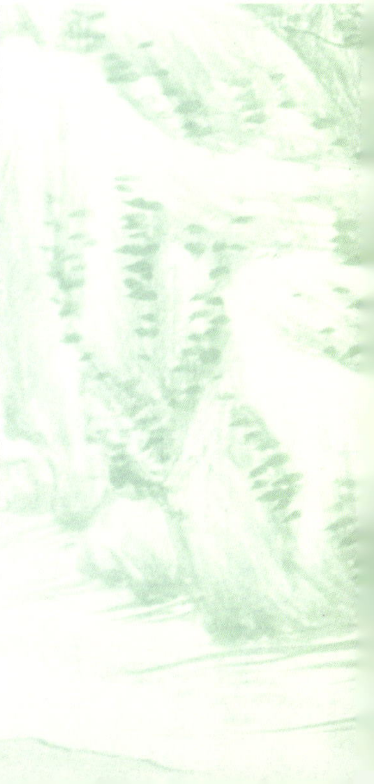

唐颜真卿书《祭侄文稿》局部

如评选2019年中国古代书法家最有影响力的人，则非颜真卿莫属。2019年一二月间，由中国台北故宫博物院和日本东京国立博物馆联合在日本东京国立博物馆举办了“颜真卿——超越王羲之的名笔”书法展。期间，以现藏于台北故宫博物院的颜真卿法书《祭侄文稿》为中心，两岸民众就这一文物是否应该参展引发巨大争议。借此，颜真卿和他的《祭侄文稿》一度成为网红。

《祭侄文稿》是颜真卿为纪念在镇压安禄山叛乱中牺牲的侄子颜季明而作的祭文草稿，因无意求工反极其工而被称为继东晋书法家王羲之《兰亭序》之后的“天下第二行书”。忆及颜季明早年行迹深得家族好评时，颜真卿写道：“每慰人心，方期戬穀。（每每使家人感到欣慰，正期待得到幸福生活。）”其中，“戬穀”意为“福禄”，出自《诗经·小雅·鹿鸣之什·天保》“天保定尔，俾尔戬穀（上天为了安定你，使你得到福禄）。”

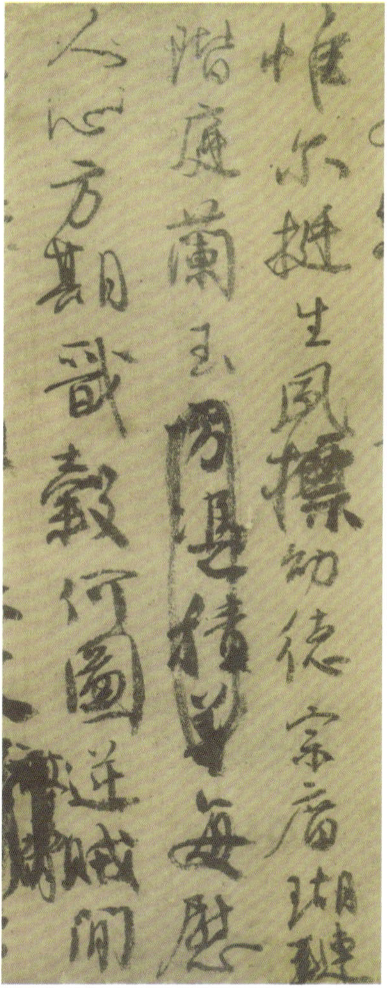
惟爾挺生夙標幼德宗廟瑚璉
階庭蘭玉方憑積善每慰
人心方期戩穀何圖逆賊間

释文　天时不如地利，地利不如人和。《孟子》

书法　清郑燮（板桥）书

周和鍾

天時不如地利地利不如人和

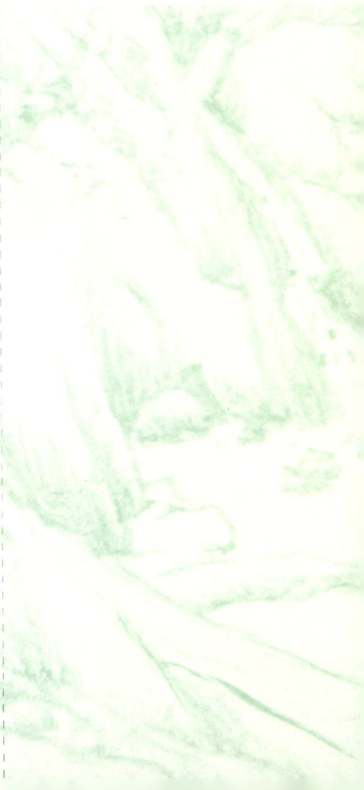

释文　得道者多助，失道者寡助。寡助之至，亲戚畔（叛）之；多助之至，天下顺之。

《孟子》

书法　清郑燮（板桥）书

周子叔姜鐘

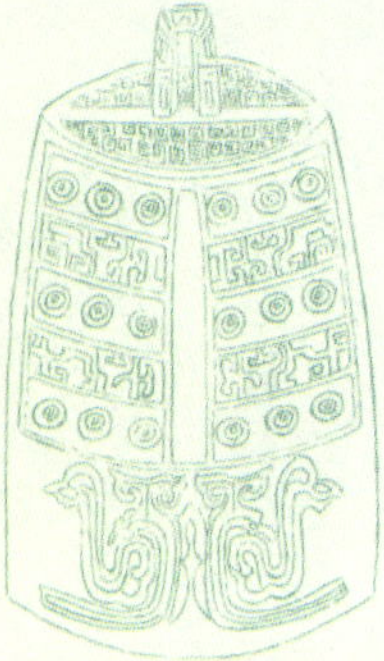

得道者多助失道者寡助寡助
之至親戚畔之多助之至天下順之

释文　古之君子，过则改之；今之君子，过则顺之。

古之君子，其过也，如日月之食，民皆见之；及其更也，民皆仰之。今之君子，岂徒顺之，又从为之辞。

《孟子》

书法　清郑燮（板桥）书

周名夫鐘

古之君子過則改之今之君子過則
順之古之君子其過也如日月之食
民皆見之及其更也民皆仰之今之
君子豈徒順之又從爲之辭

释文　分人以财谓之惠，
教人以善谓之忠，
为天下得人者谓之仁。

《孟子》

书法　清郑燮（板桥）书

周夔龍鐘

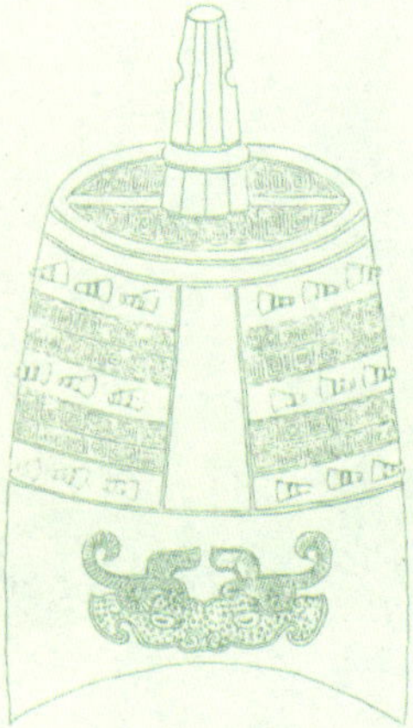

分人以財謂之惠教人以善謂

之忠為天下得人者謂之仁

释文　居天下之广居，立天下之正位，行天下之大道；
得志，与民由之；
不得志，独行其道。

《孟子》

书法　清郑燮（板桥）书

周蟠夔鐘

居天下之廣居立天下之正位
行天下之大道得志与民由之
不得志獨行其衜

唐柳公权书《神策军碑》拓片局部

会昌二年（842 年）七月，唐武宗李炎视察禁军左神策军。为此，柳公权奉敕书碑以纪圣德。碑文称颂李炎“温恭浚哲，齐圣广泉”。其中，“温恭浚哲”语出《尚书·舜典》“浚哲文明，温恭允塞”，本意称颂虞舜深邃睿智而又色温貌恭，碑文用来赞美德政。“齐圣广泉（渊）”语出《左传·文公十八年》“昔高阳氏有才八人……齐圣广渊，明允笃诚。天下之民，谓之八恺”，指中正、圣明、宽厚和深远四种美德。

神大孝皇帝。
温恭濬哲。
聖廣泉。會天

释文　富贵不能淫，贫贱不能移，威武不能屈。此之谓大丈夫。

《孟子》

书法　清郑燮（板桥）书

周蟠夔鐘

富貴不能淫貧賤不能移威武
不能屈此之謂大丈夫

释文　有不虞之誉，有求全之毁。

《孟子》

书法　清郑燮（板桥）书

周蟠夔鐘

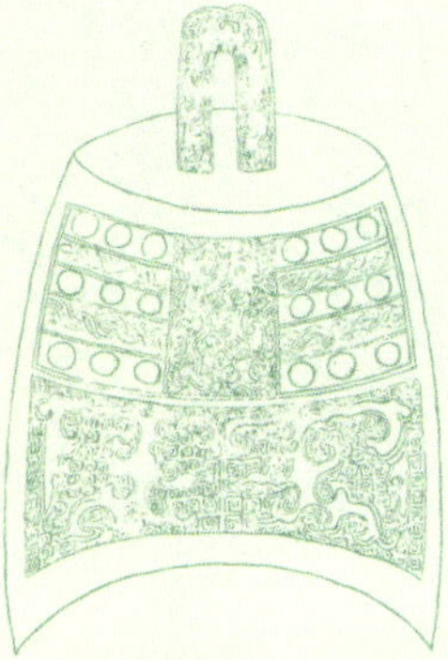

有不虞之譽有求全之毁

释文　人之患在好为人师。

《孟子》

书法　清郑燮（板桥）书

周蟠夔鐘

人之患在好為人師

释文　君之视臣如手足，则臣视君如腹心；
君之视臣如犬马，则臣视君如国人；
君之视臣如土芥，则臣视君如寇雠（仇）。

《孟子》

书法　清郑燮（板桥）书

周乳鐸

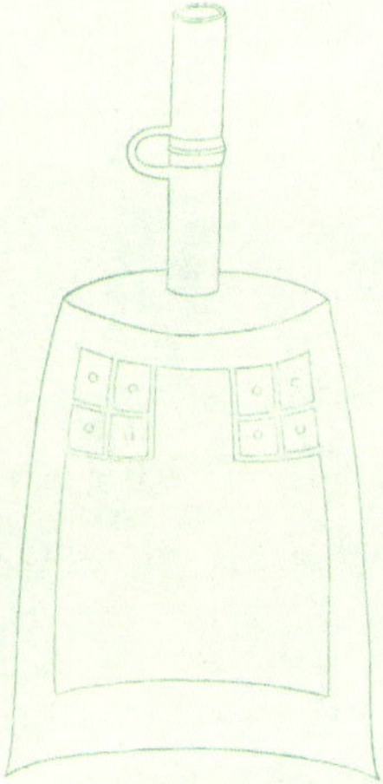

君之視臣如手足則臣視君如
腹心君之視臣如犬馬則臣視
君如國人君之視臣如土芥則
臣視君如寇讎

释文　以善服人者，未有能服人者也；以善养人，然后能服天下。

《孟子》

书法　清郑燮（板桥）书

周蟠夔鐸

以善服人者未能服人者也
以善養人然後能服天下

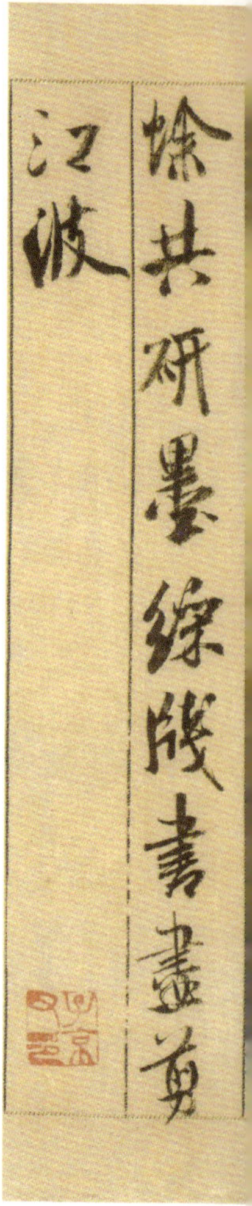

北宋米芾书《蜀素帖》局部

北宋元祐三年（1088 年）九月，米芾应友人林希之请，在后者家藏的名贵四川白绢上书写自作诗八首。这就是书法巨迹《蜀素帖》。米芾用“路不拾遗知政肃，野多滞穗是时和”形容政治清平，人民富足。“野多滞穗”出自《诗经・小雅・北山之什・大田》“彼有遗秉，此有滞穗，伊寡妇之利”，本意指古时庄稼丰收而野有余穗，使得寡妇能够取之为利。

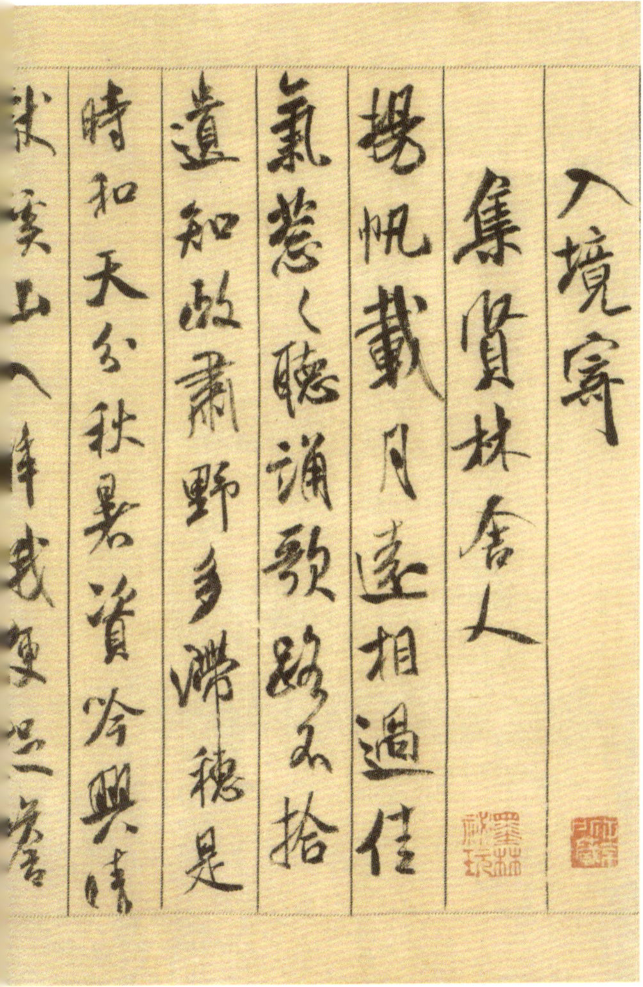
入境寄
集賢林舍人
揚帆載月遠相過佳
氣葱葱聽誦歌路不拾
遺知敢肅野多滯穗是
時和天分秋暑資吟興晴
[illegible]溪山入[illegible]我[illegible]是一篇
墨林秘玩

释文　恻隐之心，人皆有之；羞恶之心，人皆有之；
恭敬之心，人皆有之；是非之心，人皆有之。
恻隐之心，仁也；羞恶之心，义也；
恭敬之心，礼也；是非之心，智也。

《孟子》

书法　清郑燮（板桥）书

周虎錞

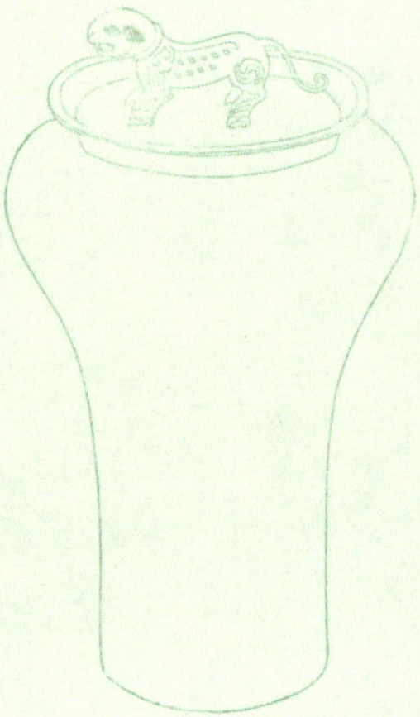

惻隱之心人皆有之羞惡之心人皆
有之恭敬之心人皆有之是非之心
人皆有之惻隱之心仁也羞惡之心
義也恭敬之心禮也是非之心智也

周素錞

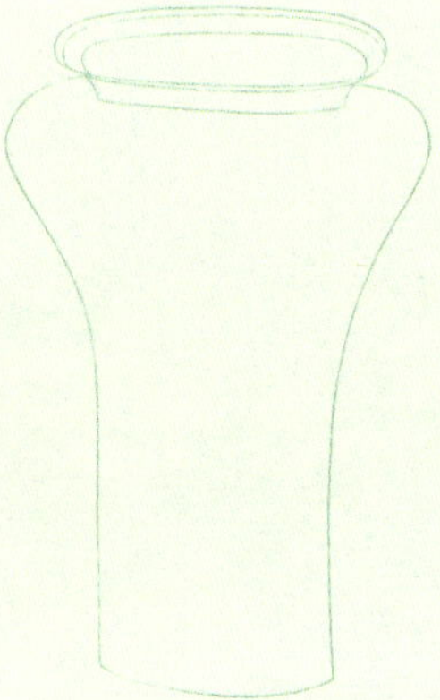

释文　生，亦我所欲也；义，亦我所欲也，二者不可得兼，舍生而取义者也。

《孟子》

书法　清郑燮（板桥）书

生亦我所欲也義亦我所欲也二者不可得兼舍生而取義者也

释文　天将降大任于是人也，必先苦其心志，劳其筋骨，饿其体肤，空乏其身，行拂乱其所为，所以动心忍性，曾益其所不能。

《孟子》

书法　清郑燮（板桥）书

周素罇

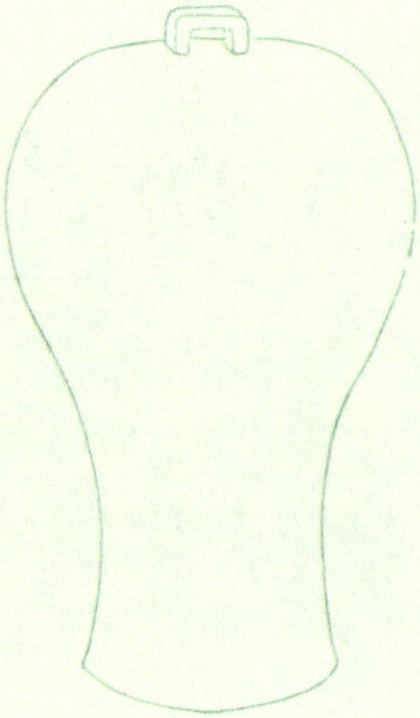

天將降大任於是人也必先苦
其心志勞其筋骨餓其體膚空
乏其身行拂亂其所爲所以動
心忍性曾益其所不能

释文　君子有三乐，而王天下不与存焉。父母俱存，兄弟无故，一乐也；仰不愧于天，俯不怍于人，二乐也；得天下英才而教育之，三乐也。

《孟子》

书法　清郑燮（板桥）书

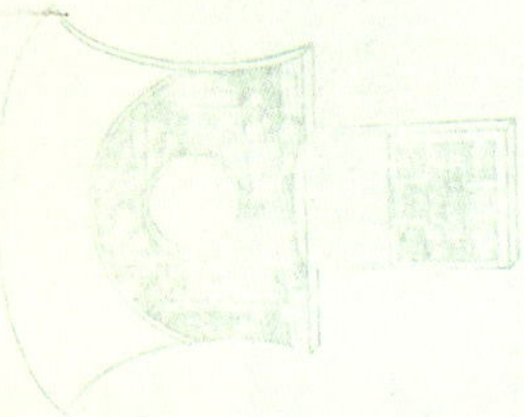

周舞戚

君子有三樂而王天下不與存焉父母俱存兄弟無故一樂也仰不愧於天俯不怍於人二樂也得天下英才而教育之三樂也

释文　尽信书，则不如无书。　《孟子》

书法　清郑燮（板桥）书

周舞戚

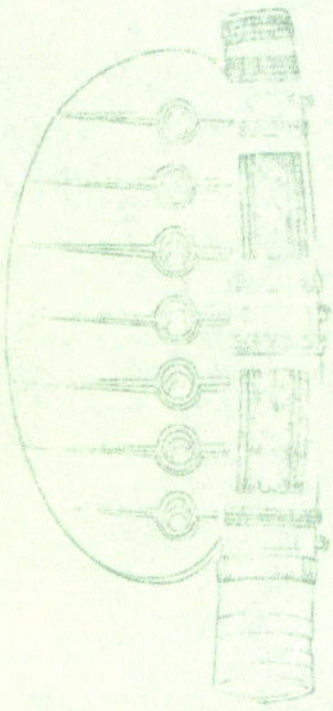

盡信書則不如無書

元赵孟頫书《三门记》局部

“天下为公”因中国近代民主革命的伟大先行者孙中山先生一生倡导和反复书写而广为人知。此语出自《礼记·礼运》：“大道之行也，天下为公，选贤与能，讲信修睦。”“天下为公”原指天子之位传贤而不传子，后演变为公正无私的美好社会理想，是中国优秀传统文化的核心价值观之一。

元代书法家赵孟頫书写的《三门记》虽为重修道观山门而作，但是，其中也化用了“天下为公”一语，特指人心的本然纯正无偏。

建極回人

天下為公

無充塞然

释文　身不行道，不行于妻子；
使人不以道，不能行于妻子。

《孟子》

书法　清郑燮（板桥）书

周舞鏡

身不行道不行於妻子使人不
以道不能行於妻子

释文　仁也者，人也。合而言之，道也。

《孟子》

书法　清郑燮（板桥）书

周舞鐃

仁也者人也合而言之道也

后记

《儒典萃英》是因缘际会的结果。两位主编知我是见证者，所以，共同邀请我撰写一篇后记。

2020 年七八月间，欧盟中国商会副会长、我的高中同学王稚晟因全球疫情持续而滞留国内，电话闲谈中偶及在长年的中外交往中日趋感到国学的亲和力，想编一本介绍中国传统文化的图书，但苦于日常工作繁忙，想找一位合作者。我忽然想起我的大学同学、国学研究者姜坤也久有此意。稚晟一听，来了兴趣，愿意贡献自己的智慧和力量。于是，由两位高手加持的《儒典萃英》便诞生了。

稚晟具有英文和商业的双重知识背景，而且自幼笃好中外历史；姜坤中文系出身，后来在国学领域钻研尤深。前者具有世界眼光，知道什么样的知识对现代人最有用；后者以儒学研究安身立命，一直致力于打通经典与大众的隔阂。老实讲，这样的主编组合是可遇而不可求的。

机缘巧合，这本小书落户中国出版重镇清华大学出版社。借助张立红、张燕军等出版社诸位老师高效的工作，它终得诞生。在本书编写和制作过程中，桐芳文化王芳，樊堃、张泽远、刘媛媛多有支持和帮助，在此一并致谢。我则参与设计封面，算是贡献一点力量。

有了本书的线索，读者再去探索原作深意，并化为立身的依据和行动的指南，则是我们大家共同的愿望。

履公记于九年书院

2021 年 6 月

图书在版编目 (CIP) 数据

儒典萃英 / 稚晟 姜坤 主编 . —北京：清华大学出版社，2021.6（2021.11重印）
ISBN 978-7-302-58321-9

Ⅰ . ①儒… Ⅱ . ①稚… ②姜… Ⅲ . ①儒学—通俗读物 Ⅳ . ① B222-49

中国版本图书馆 CIP 数据核字 (2021) 第 110990 号

责任编辑：张立红
装帧设计：九年有正
责任校对：郭熙凤
责任印制：杨 艳

出版发行：清华大学出版社
网 址：http://www.tup.com.cn，http://www.wqbook.com
地 址：北京清华大学学研大厦 A 座 邮 编：100084
社 总 机：010-62770175 邮 购：010-62786544
投稿与读者服务：010-62776969，c-service@tup.tsinghua.edu.cn
质 量 反 馈：010-62772015，zhiliang@tup.tsinghua.edu.cn
印 装 者：北京博海升彩色印刷有限公司
经 销：全国新华书店
开 本：155mm × 170mm 印 张：$26\frac{5}{6}$ 插 页：2 字 数：320 千字
版 次：2021 年 8 月第 1 版 印 次：2021 年11月第 2 次印刷
定 价：138.00 元

产品编号：092910-01